行动者,有未来

《南风窗》"调研中国"调查报告精选集

南风窗杂志社
南风窗传媒智库◎编

SPM 南方出版传媒 花城出版社
中国·广州

图书在版编目（CIP）数据

行动者，有未来：《南风窗》"调研中国"调查报告精选集 / 南风窗杂志社，南风窗传媒智库编. -- 广州：花城出版社，2021.3

ISBN 978-7-5360-9390-4

Ⅰ．①行… Ⅱ．①南… ②南… Ⅲ．①大学生－社会实践－调查报告－中国 Ⅳ．①G642.45

中国版本图书馆CIP数据核字(2021)第033465号

出 版 人：肖延兵
策划编辑：张　懿
责任编辑：梁秋华
技术编辑：薛伟民　林佳莹
封面设计：王玉美

书　　名	行动者，有未来：《南风窗》"调研中国"调查报告精选集 XINGDONG ZHE YOU WEILAI NANFENGCHUANG DIAOYAN ZHONGGUO DIAOCHA BAOGAO JINGXUAN JI
出版发行	花城出版社 （广州市环市东路水荫路11号）
经　　销	全国新华书店
印　　刷	广州市尚铭印刷股份有限公司 （广东省广州市白云区均禾清湖富贵二路11号）
开　　本	787毫米×1092毫米　16开
印　　张	14　4插页
字　　数	170,000字
版　　次	2021年3月第1版　2021年3月第1次印刷
定　　价	69.80元

如发现印装质量问题，请直接与印刷厂联系调换。
购书热线：020-37604658　37602954
花城出版社网站：http://www.fcph.com.cn

本书编委会

主 编：李桂文
副主编：李 龙
编 辑：杨 露　胡万程　魏含聿　向治霖
　　　　文 芳　王柏琪

1	
2	3

2019年安徽师范大学团队在安徽省宣城市宁国市云梯畲族乡
2019年安徽师范大学团队在安徽省宣城市调研
2018年安徽师范大学调研团队在三峡进行实地调研

4
5	6

2012年中国青年政治学院调研健康"守门人"的中国之路
2019年中国人民大学调研团队在西藏曲水县
2006年复旦大学团队实地调研与村民合影

7
8
9

2018年调研中国全国培训总结会在广州大剧院举行

2005年中南财经政法大学爆满的报告会现场

2019年调研中国30强团队合影

去远方

调研中国
青年思考力公益下乡

走入赣南山村青年女性群体的婚姻内情

调研中国15周年纪录片

零零后大学生的家国情怀

扫码观看调研中国纪录片

探究私人生活变革中的社会变迁
发现这片土地的平凡和生生不息

监制 李桂文　副监制 李龙　导演 田磊 孟子渊 李钢
南风窗传媒智库出品

到田野去,提升新青年领导力
——寄语"调研中国"的年轻朋友们

李桂文

身体的强壮,情感的脆弱,思想的困顿,是当下青年人的特权?

20世纪初,奥地利诗人里克尔在《给青年诗人的信》中,这样建议道:"向外看是最不应该做的事,唯一的办法是走向内心。"

里克尔写下这封信后,一个世纪过去了。一个世纪以来,似乎所有外在的表现,都在证明这句话的普适价值。但事实上,至少在现在,情况应该有所改变——青年人应该在内心构建一个美好的愿景,还必须培养一种实现这个愿景的行动力,建立自己与这个世界的联系。青年们的这种行动力,也是他们给予时代的领导力。

20世纪80年代中期,日本出现了一个流行语——新人类。这个新词语是指1960年以后出生,即出生于第二次世界大战后日本经济高速发展时期的,在和平安宁的社会环境中长大成人的日本青年。他们在思维模式、价值观念、生活方式等方面,都与经历了战争磨难及战败初期贫困生活的老一代日本人大不相同。为了提高"新人类"的生活质量,培养健全的公民意识和领导21世纪社会的素质,日本建立了专门部门,明确推行专门的青年政策。

出于相同目的，韩国也在同一年代建立与推行了有关提升青年领导力的青年政策。与此同时，"领导力"也逐渐成为教育的关注领域。在美国，世界排名靠前的高校中，哈佛大学在招生简章中明确自己要把学生培养成"公民领袖"，耶鲁大学向申请者表明要寻找"新一代领导者"，普林斯顿大学则把"领导力"排在申请者需要展示的个人特质中的第一项。

在中国，近百年来，面对内外部环境不断变化，经过不断反思、批判、总结和预期，直到20世纪80年代实施改革开放以后，整个社会的思维才从关注整体，向寻找自身独特性和自主性转变。

《人民日报》在1982年五四青年节发表社论《当代青年的历史使命》，按照邓小平为《中国少年报》和《辅导员》杂志的题词，延伸提出"培养青年成为有理想、有道德、有文化、有纪律、有强健体魄的新一代"。

有理想、有道德、有文化、有纪律的"四有青年"一经提出，迅速被"70后""80后"青年接受，成为他们的人生信条，做一个自律、勤奋、拥有理想、拥有知识、献身公益的人，为中国富起来奠定了人力基础。

现在，"90后""00后"成为新一代青年的主流。新一代青年接受属于这个时代的特色符号体系——在物质丰富的前提下，互联网技术和它所衍生出的无禁忌、无障碍的物质和精神符号的刺激和围剿。更重要的是，技术革新让新一代青年有了最好的机会和资源，成为最聪明、最博学的一代。但危险在于，知识与信息资源过于丰富庞大，让人们误以为自己再也不需要将这些知识与信息内化为自己的东西了。

这样一来，新一代青年不再把诗和远方挂在嘴上，也不再有强烈的集体荣誉感，而是倾向做更独立的个体，强调个体差异，追求个体价值,并把"丧""不靠谱""不安之症"以及"虚张声势"这些词汇,以难以摆脱的形式,摆在互联网最显眼的位置。

不同的是,在新一代青年中,"90后"相比"80后",在政治上有更高的自我表达需求,对于利他的公益行动的参与程度也更高。调查报告显示,在问题与危险越发纷繁复杂的当下,青年开始热切期盼让自己成为领导者,或者是期盼那些真正值得我们尊重和效忠的人物出现。毫无疑问,这是有利于个人以及国家发展的重要价值观取向。

因此,新一代青年急需一个足够辽阔与深入的窗口与他们个人经验紧密连接。这个窗口服务于一个目的:让被冷漠、缺失创造力和行动力束缚成套子里的青年,脱下厚厚的衣裳,重新沐浴在像瀑布一样源源不断流动的别处生活,在"善其身"的基础上,一点一滴地改变自我,一寸一尺地影响他者。

南风窗试图从某个方向打开这样一扇窗。

创刊于1985年的《南风窗》,这个刊名意指不做审视自身的传媒之"镜",要做眺望生活之外的媒体之"窗",以宏阔视野帮助读者跳出自身困惑,获得睿智与洞见的社会领导力。

创刊以来,南风窗一直秉承理性、良知、责任的价值理念,强调公益精神、青年精神和家国精神,更强调行动、感受和变革。

2005年南风窗创立了"调研中国"项目。这个天生就具有一种"公共性"的项目,主要是为新一代青年尤其是在校青年,提供一个深入社会、了解社会、参与公益的窗口。南风窗在资金、培训、传播等方面不遗余力,鼓励新一代青年走出校园,走出想象,深入一个他者的生活世界,用自己的双眼,剥开教条的皮囊,窥见思想的清水碧纹,感受时代的波澜壮阔,设身处地地把自己作为"国家的一员"进行思考,以更高的标准和目标,审视自己。

运用脚力、眼力、脑力、笔力，这是获取青年领导力的绝佳途径。领导力不是少数人的专属特质，而是一个过程，由个人危机及其他生活经历共同塑造而成。这个过程最早发生在一个人的青年时代，最容易使人产生强烈的使命感。宏观来看，它强调青年的社会责任，呼唤家国天下的情怀。具体来说，可以通过倾听、表达、说服和协作，即使在道德、物质和环境的困境下，都可以做出正确选择，投入热情和执着。

"调研中国"项目创立16年来，我们看到，新一代青年作为具有独立人格的个体，他们既是无数公益主题研究和执行的实施者，也是受益者。因为参加了"调研中国"的青年们通过实践明白了这样一个道理：改造社会，首先要改造自己。引导社会，首先要做好自己。

16年来，"调研中国"像滚雪球一样，无论在立项数量，还是参与人数，以及调研成果上都取得了较好的效果，超出了我们的想象。但我们一如既往地希望，也一以贯之地要求我们自己，如西西弗斯推动巨石时的那缕光芒的投射，平静而感激地接受艰难的沉重——让青年以及其青年领导力成为公益的种子，不断地激起涟漪，产生回响，为日益强起来的中国探寻和建立一种内在与外在的秩序。

筚路蓝缕以启山林，栉风沐雨砥砺前行。

困难永无止境，成长永无止境。

（作者为南风窗杂志社总编辑）

目 录
CONTENTS

第一章　社会民生类

"摊二代"的真实生活调研　　003

"风雨极速人"　　010

多民族互嵌式社区中的人际传播模式探析　　017

基于新时代航运发展状况下海员生存情况探究　　025

"劣迹保姆"零容忍　　032

我国刑满释放人员的就业帮扶困局及其破解　　041

"一带一路"背景下中俄跨国流动研究　　050

第二章　经济类

对实体书店创新经营模式的探究　　059

网红经济下消费品牌的价值创造与传播　　067

"机器代人"推动珠三角产业升级的现状、问题与对策调研　　075

人工智能环境下,对无人经济的研究　　084

落地是否生根:乡村振兴视野下三峡移民创业情况的调研　　094

健康中国视域下药品零售不当促销现状　　105

第三章　政策法规类

对我国精神障碍者在强制医疗模式下权利保障的问题研究　　117
民宿监管状况调研　　125
上海、深圳两地儿童安全座椅立法问题调研　　135
互联网消费金融产品法律规制与风险防控　　146

第四章　教育文化类

城市托幼服务对重建人口红利的影响　　155
"纸片上"的家国情怀：谱牒文化传承发展研究　　163
"一带一路"倡议下，西南边疆民族刺绣及绣娘生存现状调研　　171

第五章　博士调研类

足球产业在体育强市建设中的作用　　183
传统武术文化的传承现状与传播路径　　196
移动政务的崛起、机遇与挑战　　206

后记　希望在，焉遗余力 / 何子维　　216

第一章

社会民生类

"摊二代"的真实生活调研

团队：山东财经大学
团队成员：吕凌冬、黄雅馨、张柯、汪超、邹心悦
指导老师：岳彩新
时间：2012年

街头巷尾间，摊贩丰富了城市的风景，但他们的孩子却鲜有人问津。以四个家庭的孩子作为深入调研的对象，通过与孩子及家长的交流，我们似乎可以捕捉到这个群体的一些特征和问题。

最容易观察到的，是他们生活的单调。

在我们的调研过程中，他们的心理状态有和同龄人一样的特点，但也表现出性格内向、失落自卑、自私冷漠、脆弱孤僻或焦虑、任性、暴躁，有的出现逆反心理、怨恨情绪。这种情绪在生活学习上可能会有一些负面效应，可以预见，这对他们以后的生活会是很大的障碍。

他们大多处于7—16周岁，长期与父母缺乏沟通交流，使得孩子在生理和心理方面都得不到满足，出现各种各样的心理问题。

"摊二代"的青春

他们极少有阅读的习惯，他们的业余生活基本就是跟着父母出摊帮忙，偶尔空闲的时间可以跟附近的小伙伴们一块玩。这一阶段的孩子正处于义务教育阶段，对于社会生活有了更深层次的认识，丰富的社会文化生活需求与自己枯燥贫乏的生活产生心理落差，使得孩子对于自身生活状况产生厌烦。

关于"摊二代"对城市认同感的问题，他们自己很少认为自己是城市人。对于他们从小生活的济南，他们记忆中仍然保留着小时候对于老家的美好回忆。虽然在济南生活，但是对于这个城市没有认同感，并且有相当部分市民也拒绝承认他们的居民身份，这显然加大了他们融入城市的难度。

在与他们父母的沟通中，父母多次提到教育问题，大家也都是在抱怨外地人在当地入学难。

济南市并非每所小学都可以接收外地户口的学龄儿童就学，而是在每个区的所有小学中，选取一所生源不是很充足的学校作为接收本地区外地户口学生的定点单位；并且这些孩子想要入学，还需要缴纳隐形的择校费。

上学难是摆在每一个外来务工家庭面前的难题。这样便出现了之前提到的父母纷纷抱怨孩子上学需要缴纳"择校费"，并且那些隐形的费用随着想要入学的孩子的数量增多而水涨船高。

关于孩子的教育，不仅在于学校，还在于家庭的氛围以及父母的辅导。但基本上可以知道父母一般很少去辅导孩子的功课，究其原因，主要是由于没时间、没精力、没能力。

造成上述这些问题的原因也是多方面的。

孩子的爷爷奶奶、外公外婆大部分都在老家生活，以种地维持生计，孩子跟随父母一起生活。在调研的四个家庭中，只有庞天宇是家中的独子，其他几个家庭，都不止一个孩子。由于家中孩子较多，父母又忙于照顾摊点生意，自然对较大的孩子关注会较少，这就会使得孩子认为自己不受父母喜爱，甚至不想与父母沟通。

沟通的渠道由原来的一对一沟通，演变为一对多的沟通，使得父母对于孩子了解并不到位。特别正处于青春期的孩子，他们生理和心理发生了巨大的变化，在很多问题上，只能自己解决，并不能得到父母的正确引导，以更好地解决问题。这样，往往会使得问题更加严峻。

我们发现造成"摊二代"身上存在各种问题的主要原因是父母摆摊过于忙碌，无暇与孩子真正地做沟通。父母与子女之间长期缺乏沟通，导致孩子渐渐不愿意与父母沟通了，觉得他们很难理解自己，情感上也不是那么亲密了，导致"摊二代"们的性格普遍偏内向，不喜欢跟不太熟悉的人交谈，在学校里的融入情况也不好。

在这里，最重要的是家庭成员情绪的影响。

父母的情绪对家庭心理氛围的形成起着关键的作用，父母由于种种因素形成积极的或消极的心境，然后将这种心境投射到孩子身上，使孩子感染了与父母同样的心境，而且彼此相互强化，形成家庭心理氛围的反馈和网络结构。

问题就出在这里：父母在对孩子的教育方法上没有正确的认知。

从我们调查的这几个家庭来看，父母的学历普遍不高，在对孩子的教育问题上没有很好的方法，父母对孩子的学习表示重视的主要途径就是给他们报一些辅导班，没有真正地了解孩子的兴趣爱好，因此会引起一些孩子的逆反心理。只是强调让孩子好好学习，但是并没有让孩子真切地知道为什么学习、如何学习，导致孩子对学习的兴趣不高，对自己的未来也没有太多的想法。父母提供给孩子的基本都停留在物质上，多数摊贩父母都觉得他们把最好的东西都给孩子了，能满足的都满足他们了，根本没有考虑到孩子的心理需求，考虑到他们需要父母的关注、赞美、关心、引导。

城市中的孤岛

加剧这种孤独感的，是来自社会的冷漠。

在社会层面上探讨这个问题包括很多方面，为了方便分析，我们在调研中把这个层面分成了以下两个方面。

一是学校方面，学校生活是"摊二代"接触社会的主要方式，是他们日常生活中占比重较大的部分。但是学校收取过高的择校费，往往给他们的生活雪上加霜。

接收此类孩子入学的学校，一般不是该区域内较好的学校，所以学校为学生提供的课余文化生活并不十分丰富，不能弥补由于家庭因素造成的精神文化生活匮乏的缺陷，并且对于孩子的引导也相当缺乏。与此同时，由于孩子从小不受父母关注而产生的内向、自卑等心理，在学校的学习生活中，也不能引起老师的关注，师生之间缺乏基本的交流，所以老师对于孩子的指导和关心也不够。相反，老师还会对于孩子的不足予以指责，使得孩子对于某些学科产生厌恶。

作为家长，由于每天需要忙于照顾摊点的生意，没有时间与孩子交流，更没有时间经常与孩子的老师联系。一般小学每个班级都在40—50人，老师并没有太多的精力去了解每一个学生的内心，无法照顾全面，使得孩子在学校不能得到应得的指导。家长与老师的共同失责，使问题更加严重。

由于学校只招收很小一部分外地户口的孩子，这部分孩子大多家庭环境都不算好,"摊二代"的身份加上外地户口身份,使得孩子不能很好地融入班集体中,甚至不能融入济南这座城市。在调研中,刘鑫告诉我们,她在班里没有几个朋友,因为自己也不喜欢跟他们说话。但是也会与同学发生冲突,较强的自尊心使得她经常会和同学打架。

二是社会大众舆论。对于"摊二代"的身份问题,我们在调查问卷中有所涉及,通过回收的205份调查问卷分析结果显示,有53.17%受访群众认为,他们的身份是"外来人口",有41.95%的受访群众认为他们的身份无所谓,只有4.88%的受访群众认为他们是"城里人"。同时,在分年龄段的统计数据中显示,无论哪个年龄段,对于"摊二代"身份的认识大多是外来人口和无所谓两类。

可见,社会大众对于"摊二代"这个在城市中出生、成长的群体并不承认其城市身份,与"摊二代"自身对于城市的认同感不强相互照应,这种明确的划分使得孩子在学校中更难融合到一起,出现各种问题。有较多的人认为他们的身份标签并不重要,一定程度上反映了社会大众对于这个群体的钝感。

生存已用尽全力

在调查问卷中,社会大众更关心的,是如何方便居民生活、物美价廉和解决就业问题。选择其他方面的人并不多,甚至有很大一部分,只选择了方便居民生活一项。人们只是关注自己的生活需要是否得到相应的满足,并没有关注过这个被忽视的弱势群体。

从这些社会大众的舆论可以看出,摊贩以及"摊二代"这个群体被不同程度地漠视。这些都是他们融入城市、成为新市民的障碍。出现这些问题,与摊贩从事的职业有关。摆摊基本就是吃苦出力,但是很难得到大家的认可,尽管他们从事的是与市民日常生活息息相关的服务行业。调研之初,通过查阅文献资料和网络数据库搜索,没有看到关于"摊二代"的报道,反而更多地关注了"富二代""打工子弟""留守儿童"等。

"摊二代"恰恰处于这些群体之间的尴尬位置,得不到社会的关注。

这个群体与"打工子弟"和"留守儿童"不同,"打工子弟"是指外来进城务工的农民工的子女,他们大多是随父母到达一个城市,在此生活一段时间,如果父母的工作地点发生变化,他们就会随父母一同迁移。"留守儿童"恰恰相反,是父母到外地打工挣钱,孩子被留在老家,由家中老人照顾。"摊二代"大多是出生和成长在城市,却没有城市的户口,父母长期定居在城市,却没有得到城市的认同。"摊二代"是处于城市边缘的弱势群体,处于社会的夹层中,往往得不到应有的关注。

社会媒体对于"摊二代"的关注极少,有16.28%的人没有看到过类似报道,有38.37%的人认为极少看到该类报道。通过查阅各类资料我们得知,媒体的焦点大多都放在城管部门与摊贩之间的矛盾上,却往往忽略"摊二代"的成长问题。

该如何应对?

对于家长,沟通是心与心之间的桥梁,即使每天的生活很忙碌,也希望父母每天能抽出一点时间询问下孩子的在校生活,倾听下他们的想法。也希望父母能通过协商,在孩子节假日期间,一人摆摊,另一人抽出时间和孩子有更多的互动。

对于学校,学校要多关照这些"摊二代",要取消某些苛刻的入学条件，至少不能"一刀切"，政策多一点人性化，给他们更多的机会去接受教育。

对于政府，对待摊贩，政府各部门要重视他们的利益，在管理、社保、教育、医疗等方面给予摊贩更多的帮助。希望政府对"摊二代"这一个特殊而又庞大的群体，给予更多的人文关怀，对于一些家庭情况较为困难的家庭给予一些教育补助。

政府还要引导社会舆论，把更多的目光投向摊贩和"摊二代"们，提高他们的社会地位。要把保障和改善民生作为政府工作的重要任务，重点扶持服务业等就业容量大的行业，给城市小摊贩们更大的生存空间。

"风雨极速人"
——北京市快递员生存现状及角色认同研究

团队：中国青年政治学院

团队成员：刘仕豪、程斌、黄亚亚、花卉、王美华、钱维胜

指导教师：赵莉

时间：2014年

在中国电子商务发展及城市化的进程中，快递员作为一个特殊的农民工群体，他们的真实生活状况是怎样的？他们的自我角色认同和社会角色认同又是怎样的？带着这样的疑问，我们对北京市的快递员进行了实证研究。

被忽视的"大多数"

随着互联网行业的崛起，电子商务和网购以其便利的消费方式、相对安全的消费环境成为普通消费者消费的首要选择之一。因此，在快递行业中扮演着重要角色的快递员群体也越来越多地出现在人们的视野中。

对比之下，他们却极少被社会关注。在中国知网上查询相关期刊

文献发现，从2005年至2014年国内仅有几十篇关于快递员的文章，其中更多的仅仅是停留在新闻报道和文学创作层面，内容更多涉及的是人物专访、物流管理等内容，真正关于快递员的学术研究少之又少。

仅有的几篇学术研究中，主要是对某一快递员的生活情况、工作压力进行描述，关注他们在生活中遇到的问题，对这一群体的职业发展提出对策及建议，但都存在不足。首先，研究方法上，这些研究普遍缺少比较深入的实证研究，缺乏一手的数据资料，定量分析欠缺。多数研究仅仅停留在人物专访上，对快递员生活进行简单描述，定性研究不足，不具有代表性。

其次，研究内容上，在之前的快递员群体的研究中，更多的是研究快递员遇到的某一具体问题，比如权益维护、职业发展等。从单个方面入手，难以对快递员群体的整体生活情况进行描述。

所以本研究将通过一手数据分析，具体呈现这一群体中专门负责送件、派件、收件的快递员的生存现状及角色认同。

快递员作为一个特殊的农民工群体，有着自己的社会生存模式。本研究可以丰富社会学领域对于农民工群体、农村劳动力转移、城市化等方面的研究思路和内容。更好地呈现这一群体的生存现状，同时运用"理性分析""角色认同"等理论，对快递员的生存现状进行理性的分析，以期为以后的研究者呈现好的一手资料和参考文献。

快递员处在一个怎样的生活状态呢？通过调研，我们发现：生活质量上，他们饮食不规律，居住条件差；工作情况上，他们日工作量大，节假日少，维权意识淡薄；社会保障上，在不同的公司，他们的社会保险购买情况也不一样，大多数都会有工伤保险；社会支持上，因为快递员的工作较为繁忙，朋友圈很小，更多的是工作上的同事；角色认同上，快递员自我角色认同不高，社会群众对这一群体的工作持有肯定态度，但大都不会将这一职业作为自己的择业目标。

不存在"万元高薪"

这个职业的就业群体，在社会结构中有着鲜明的代表性。

在本次调研中，快递员问卷共发放了150份，回收问卷110份，回收率为73.3%，有效问卷100份，有效回收率为90.9%；群众问卷共发放了230份，回收问卷数目为200份，回收率为86.9%，其中有效问卷为178份，有效回收率为89%。

通过样本数据，可以看出样本中男性快递员普遍多于女性快递员，且大多数户籍为农业，属于进城务工的农民工；文化水平普遍不高，学历主要集中于初中、高中、中专；从年龄上可以看出，快递员多为青年群体。

很多快递员由于工作繁忙经常顾不上吃饭，或者即使吃饭也不能按照正常的时间就餐。调查数据显示，有16.7%的快递员表示他们就餐时间"规律"，68.8%的快递员表示就餐时间"不规律"，14.5%的快递员表示"时而规律时而不规律"。调查中有快递员表示长期不规律的饮食习惯导致一部分快递员患上了胃病。

综合各项指标来看他们的住所环境，大多数快递员是自己租房或者住公司的集体宿舍，住房大多数为平房或者简易房之类较为低端破旧型住宅，有四成多快递员对住房情况表示不满意。快递员对住房不满意主要集中在三个方面：卫生条件差（70.7%）、配套设施不完全（31.7%）、邻里交往少（24.4%）。

有人认为，快递员是一个相对高薪的职业，因而值得忍耐。但在这次调研中，我们发现事实并非如此。

我们的调查数据显示，快递员的月经济收入在"3000元以下"的约占总样本的9%，月收入在"3000—5000元"的约占69%，月收入在"5000—8000元"的约占18%，月收入在"8000元以上"的约占4%。总体上来看快递员群体中绝大多数人的月收入是在5000元以下，主要集中在3000—5000元的区间，月工资超过8000元的只是个别现象。

一名快递员告诉我们，"第一次听到别人给我说的时候，我就感觉好笑"，他认为"这根本就是瞎说的，可笑至极"。

他表示，之所以出现这样的新闻，是由于观察者没有深入了解快递行业的运作，对于快递员工资的发放机制没有做深入的调查。在他看来"月薪过万"在某个月是有可能的，但这只是碰到了有"光棍节"这样比较特殊的日子时才有可能出现。

本次调研的数据显示，受访的快递员中，工资最低的在3000元以下，最高的则超过了10000元，通过数据计算我们得出受访快递员的平均工资约为3381元。

这碗"青春饭"

和较低的收入相对的，是由于身居大城市，快递员的消费和生活成本反而被迫高涨。

本次调查的月基本生活费是包括人均月生活消费和人均月居住支出的。数据显示，受访快递员的月平均基本生活费约为2102元。月基本生活费在"1000元以下"的约占总样本的9%；在"1000—2000元"之间的约占总样本的38%；在"2000—3000元"之间的约占总样本的26%；3000元以上的约占总样本的27%。

另外，调查数据表明，快递员支出中占比最大的前三项分别是食品支出、房租水电煤等支出和交通通信支出。这说明总体上看快递员的消费类型还是属于生存型消费，消费的层次较低。

多名快递员表示自己每月的基本生活费在3000元左右，高于受访快递员月均基本生活费。一名快递员在谈到北京留给他的印象时这样说道："其实我个人觉得吧，因为它是个大都市嘛，它就是交通方面特别方便，然后物价比较贵。"

约46%的受访快递员表示没有休闲时间，他们每月的假期时间为0；约19%表示每月有1—2天假期；约26%表示每月有3—4天的假期；约9%表示每月有5天以上的假期。但即使是有假期，大多数快递员都不愿意休息，也不敢休息，因为休息意味着当天没有收入。同时更重要的是休息一天就可能会导致快件大量积压，直接增加了第二天的工作量。因此很多快递员即使可以休假，一般也不会选择休假。

更大程度上，也因为这份工作相当于吃"青春饭"。

由调查数据可以发现，从事快递员这一职业在"1年以内"的快递员占总数的50%，"1—3年"的占总数的28%，接近八成的快递从业人员从业年限是在3年以下。

通过收集资料和问卷分析我们发现快递员是个流动性十分高的行业，正如访谈中的个案所说："快递业的流动性是很大的，有的人可能干不了一个月（就转行了），有的人不能干到三个月，有的人不能干到半年，这个也是因人而异的。"大多数人在从业两三年后就会选择转行。

原因指向工作的忙碌程度。综合起来看，快递员每天工作12小时属于行业内的常态。快递员基本上每天早上七八点就要到达公司分拣货物，开始一天的工作，平常的时候晚上七八点才能下班；如果遇到节假日，快递量猛增，经常忙到晚上十一二点才下班也是会发生的。

缺失的社会保障

更多元的新用工方式兴起，导致这一行业的从业人员缺乏保障。快递员群体参与社会保险的情况如何呢？调查数据显示，参加了养老保险的快递员约有26%，工伤保险的约有41%，医疗保险的约有33%，失业保险的约有15%，生育保险的约有10%。

总体上看，快递员在参加社会保险方面的情况要远好于一般农民工，结合资料我们认为主要原因是：第一，快递员高强度高风险的工作性质决定了企业要为快递员提供一定程度的社会保障。第二，近年来快递业发展迅速，但由于各种原因快递员的流失率非常高，一些规模较大、效益较好的快递企业为了能招到并留住优秀快递员，在提高薪资待遇的同时开始为员工提供其他福利待遇。如在调研过程中，我们曾对某知名快递企业的分区中心进行过探访，发现该企业在招聘告示中明确提出员工入职后企业将为员工提供"五险"。

在这样的环境中，他们又如何对待这一份工作？

快递员群体的自我认同是这一群体角色认同的关键。对于快递员群体的自我认同部分，笔者在参照其他职业角色认同量表后编制出快递员角色认同量表，将职业认同划分为职业价值观、角色价值观、职业归属感和职业行为倾向四个维度。

调查数据显示，从均值和方差两方面来看，快递员在职业行为倾向和职业价值观方面的认同较高，在职业归属感和角色价值观方面的认同偏低。这反映了大多数快递员虽然对快递这一职业的重要性和意义是有着认可的态度，同时也能尽己所能将工作做好，但是他们却很难在"快递员角色"对自我的重要程度等方面做出积极的认识和评价。

在调查的过程中，我们发现很多快递员在看到"从事快递员职业能够实现我的人生价值""我为自己是一名快递员而自豪"和"在和别人介绍时，我乐意提到自己是一名快递员"这一组问题时，都会突然有一些尴尬的表情。

为了更加全面、精确地认识和了解快递员的角色认同情况，我们通过方差分析检验了快递员的角色认同在不同出生年段、教育程度、从业时间、经济收入之间的差异。具体分析结果如下：

从出生年段来看，出生年段在1965—1969年的快递员的角色认同得分是最高的。从受教育程度来看，相对于其他文化程度，小学及以下文化程度的快递员的角色认同较高，大学本科文化程度的快递员角色认同水平是最低的。从经济收入来看，当收入水平在8000元以下时，快递员的角色认同度是随着收入的增加而增高的。总体来说，从业时间在5年之内，快递员的角色认同水平随着从业时间的增加而提高。

改善的路还有很长。快递员大都来自农村，他们处在快递从业人员的最末端，是行业受益最小的群体。但他们也有着属于自己的理想与抱负，他们努力工作，希望在这个快速发展的社会得以立足，更希望得到大家的尊重与认可。

多民族互嵌式社区中的人际传播模式探析
——基于青海乌兰县赛什克村的社区建设实践

团队：西北民族大学

团队成员：张书艺、马思铭、顾智、刘建军、李文君

指导教师：马廷魁

时间：2016年

"民族互嵌"是新形势下解决国内族际关系问题的一个创新性理念，可以促使不同民族之间和谐共存与共同发展。虽然"互嵌式社区"这一创造性理念提出已经有两年，但目前学界尚未对其理论内涵进行全面的阐释与挖掘。本选题以田野调查的方式进入民族相互嵌入型社区环境进行调研，不仅契合转型期民族关系研究的热点，对民族关系、民族地区民生改善以及社会稳定具有一定的借鉴意义和实践价值。

本研究以青海省乌兰县赛什克村为样本。青海省乌兰赛什克村是一个移民地区，民族关系错综复杂，民族成分多样，仅仅几个村庄就拥有回、汉、蒙古、藏、土、撒拉、东乡等多个民族。该地区经济模式和人际交往模式都具有特殊性，本调研项目将在传播学视角下，基

于青海乌兰县赛什克村的社区建设，对多民族互嵌式社区的人际传播模式进行探析。

民族互嵌并不囿于简单的民族散居或混居，而是指在民族长期的交往与交流过程中形成的思想相和、文化相美、经济相通、生活相近、居住空间相同的一种紧密团结、亲密无间的民族关系状态。这种状态不仅仅是指居住格局和生产生活方面，更重要的是表现在文化、思想以及情感等精神文化关系方面。

民族互嵌式社区是以社区民族关系质量为标准所划分出来的特殊类型的多民族社区，因此它具有空间关系属性和精神关系属性。所谓空间关系属性指的是社区内不同民族之间居住形态是相互嵌入式的，还是各自小聚居的；而精神关系属性指社区内不同民族之间对待彼此的态度、认知和情感，体现为对立关系还是情感上相容关系。

我们的调研工作由空间和精神两个层面展开，经过调研我们进一步确定赛什克社区为多民族互嵌式社区，根据当地民族分布图，明显能看到多个民族在空间关系上相互嵌入。根据调查问卷结果显示，当地各民族之间交往51%呈"非常融洽"，28%为"很融洽"，21%为"一般融洽"，而表示"不融洽"或者"有隔阂"的则为0%。可以看出当地各民族之间精神关系上联系紧密，相互包容。因此我们得出结论是赛什克社区为典型的交融型社区。

多民族互嵌式社区的标本——赛什克社区

赛什克社区是在城镇化建设下形成的多民族互嵌式社区，城镇化建设主要影响着这个社区的居住格局和公共空间建设。在城镇化建设前，各民族属于"大杂居，小聚居"的分布状况，同民族的分布很集中，不同民族之间的分布特别分散。同民族内部交流频繁，而不同民族之间缺乏交流。城镇化建设以后，打破了原有的居住形态，大家通过抽签的方式选择自己的房屋，形成了各民族混合而住的居住格局。

藏族、蒙古族、汉族、土族、撒拉族，相互穿插，有机地结合在一起。回族相对来说，比较集中地分布在清真寺周围。各民族从原来的不和其他民族讲话、交流，转变成了与其他民族相互帮助的友好状态。

从机制上来讲，这种居住格局，对民族交往交流交融具有积极的促进作用。

在赛什克社区落实的国家政策主要有两项：一是精准扶贫政策；二是民族团结政策。

赛什克地区的精准扶贫主要体现在相对贫困户支援和项目支援两个方面。村支书会把村民召集起来开会，共同选出相对贫困的家庭，给予一定的金钱上的帮助，不同于以前把钱平分给每个人。项目支援主要是枸杞室内烘焙，是对当地青年男女的就业培训。

乌兰县正在争取评为"民族团结进步县"，在走访赛什克村的过程中，我们不难发现在学校外围的墙壁上、卫生室和广场上都有着大量的关于民族团结的海报和宣传栏。在教室的走廊里贴着孩子们画的各民族小朋友手拉手的图片，教室里贴着关于各民族习俗的小知识，宣传的方式生动活泼。并且，村干部还会定期组织村民开会学习民族团结的政策、方针，讨论如何更好地推动赛什克社区民族团结的发展。

赛什克社区的汉族在20世纪50年代陆续迁入本地，逐渐在人数上占据优势，在近六十年本土化过程中，通过通婚或者交往，逐渐融入了其他少数民族的元素，呈现出包容的状态。

融合的社区，融合的生活

赛什克作为移民的社区，受到民族互嵌式居住格局、族际通婚等因素的影响，缺乏必要的传承根基。从受访者罗雪妈妈的话中可以察觉到，她之所以不愿意将撒拉语教给自己的孩子，很重要的原因是基于实用性。也就是说生活在这里的人说的都是青海话，孩子们学了撒拉语也没有交流的对象和空间。

神灵信仰和仪式构成了文化的基本特质，也构成了社会形态的象征表现方式。丧葬仪式表现在一个民族或者信仰体系下，社会成员对于本民族文化的认同程度。我们在一个个案访谈中发现当地丧葬仪式一个很有意思的地方。

丧葬仪式的特殊性表现在它于特殊的时空下将社区成员聚集起来，从而逐渐强化其社区成员地缘关系。我们都知道不同的民族使用不同的丧葬仪式或者丧葬方式。在青海海西汉族、土族、回族实行土葬，蒙古族实行天葬，藏族有天葬、水葬、火葬和土葬四种方式。但经过我们的了解，当地只有有牧场的蒙古族实行天葬，其余都为土葬。据妇联主任白英梅的话，举行葬礼的时候，熟悉丧葬仪式的村民会前去帮忙。因为族际联姻在当地极其普遍，所以，双方民族会选择主流的丧葬方式。

婚姻家庭作为社会基本单位，承载着文化传承、教育等功能。通过上述的探讨，我们明确地感受到，族际之间的联姻对当地文化传播复制、传播的速度和广度都有着深深的影响。族际通婚反映了族群关系和个人关系的深层状况。每个人只有对另一个人在情感和心理上都"可以接受"时，才会考虑与对方结婚组建家庭。

在调查走访中我们了解到当地族群族际之间通婚很常见。其中，汉族和其他民族的通婚很常见，蒙藏、土藏以及土蒙联姻家庭我们没有全部接触。但我们访谈的这几个民族的受访者,他们都不介意相互之间联姻。

访谈中,一位回族大叔和我们说了一件事:"现在村子里条件好了,上个月我们全村一起组织到哈里哈图草原上玩。我们少数民族还享受优先待遇。"村里组织到哈里哈图草原上玩,村干部用了接近一个月的时间筹划了这一场全村人的游行。

村干部主要是指通过村民自治机制选举产生的、在村党组织和村民委员会及其配套组织担任一定职务、行使公共权力、管理公共事务、提供公共服务,并享受一定政治经济待遇的工作人员。他们大多来源于本村农民群体,一般在本村具有较高的个人威望,没有被纳入到公务员编制,他们通常享有国家给予的工资,是乡村公共事务的领导者。

村干部在农村社会中具有一定的特殊性,他们大多具有丰富的社会资源,通常处于人际传播的中心,扮演着农村人际传播中的意见领袖角色。在乡村人际传播过程中,村干部是国家与农村社会之间的中间人。他们拥有丰富的经验,有公认的权威、威望或是过人的人格魅力等特质,他们可以通过交谈、争论、会议等多种强势的方式将人际的信息传播转达给民众。

赛什克村实行村"三委"管理,即村党支部、村委会、村务监督委员。此外,海西州委办公室、乌兰县柯柯镇派出干部驻村,其中,海西州委办公室委派干部王元良在赛什克村驻村,任第一书记,联系帮扶赛什克村,指导村"三委"进行工作,致力脱贫奔小康;乌兰县柯柯镇委派干部张有凤在赛什克村驻村,协助第一书记做好驻村工作,负责联系乌兰县委县政府、柯柯镇委镇政府等有关部门。

多民族社区的"安居乐业"

人是悬挂于他们自己编织的意义之网上的动物,精神关系就是这些网,而空间关系则是精神关系的前提。我们对赛什克社区的"深描",表明民族互嵌式社区人际传播是复杂多元且时刻处于变动中的。在对赛什克社区交融型传播语境做了较为全面的分析的基础上,我们试图从信息流动的角度,结合民族互嵌式社区的特点,阐释赛什克社区的基本现象及原因,并在此基础上以人际传播模式加以呈现。

对于互嵌式社区空间属性关系的分析,主要是来自场域理论的启示。场域理论的代表人物是社会学家布迪厄,其著作《实践感》对场域进行了系统的研究。他继承了社会心理学行为与环境的分析范式,并加以发展,系统地对环境进行研究,丰富了场域理论。布迪厄把场域作为分析单位,从而摆脱了行为科学以主体为对象的研究。这为社区研究提供了一个新视角,把社区场域作为分析单位,从这个角度研究居民的社区行动。

我们在分析赛什克社区中各个民族的人际传播的时候,要从多个方面着手,不能从单一角度片面地看待问题。

在赛什克的发展进程中,政府、村委、企业、村民,各司其职,为赛什克的发展做出了巨大的贡献。政府收获了良好的社会效益;企业也赚取了足够多的经济利益;村委做到了对村内外资源的合理利用,调动村民参与村务管理,达到了一定的民主自治;最终,受益最多的还是村民,在政府的关怀、村委的领导下,村民们达到了安居乐业的和谐状态,人与人之间融洽相处。

而在这其中,政府、村委、企业、村民的多元主体互动形成了当今赛什克融洽的人际交往局面。

说一千道一万,人民安居乐业才是关键。

2011年，海西州开展村企联建新农村活动时，赛什克村就被纳入统筹城乡一体化建设示范村，之后更被列为省级党政军企共建示范村、州级示范村。

走进赛什克，一栋栋带着小院的两层楼房和一层平房，在村道分割下整齐排列显得格外洋气。而为了提高整个村庄的配套设施和公共服务能力，赛什克完成了风光互补路灯、广场和村道的绿化及街道硬化等，还为全村引进了天然气，铺设了地下管网，并修建了一座污水处理站，使全村的废水经过处理就可灌溉农田，达到了循环利用的目的。

近年来，乌兰县着力打造枸杞产业，赛什克村、东沙沟村、西沙沟村立足实际，村委鼓励村民将土地流转，土地承包给企业种植枸杞，给当地村民带来了生活和经济上的便利。以前土地还没有流转出去的时候，在家种地，收入低，时间成本高；现在土地流转出去了，每年都能拿到一笔收入不说，还方便了村民们外出打工，赚钱的路子就多了；到了枸杞丰收的时候，在家的村民们还可以去枸杞地里摘枸杞，大概为期两个月，也是一笔可观的收入。

老百姓有了一个安乐祥和的居住环境，有良好的工作和谋生环境，村干部往后在和村民交流、沟通的时候也就会顺利很多。

人民安居乐业，与政府、村干部、企业息息相关。

在赛什克的发展中，政府为了实现社会效益最大化，会与村干部积极联系，掌握赛什克实际情况，制定科学合理的发展战略；而村干部为了提高赛什克的经济效益，从而提高赛什克的整体社会效益，则会主动出击，积极与企业联系，进行招商引资，促进赛什克经济可持续发展；而企业在考察赛什克的经营环境时，则会衡量很多元素，比如赛什克能创造的经济价值、上级政府对赛什克的重视程度、赛什克村委的工作能力、赛什克的村民素质、赛什克的治安环境等，企业主不希望在实际经营过程中与村民产生纠纷，更不愿意与村委发生矛盾。

赛什克的村干部依靠政府、企业力量，充分利用村内资源，调动村民的积极性，大力发展社区社会经济，让村民积极参与村务管理，在一定程度上实现村民自主参与村务管理，政府、村委、企业、村民的多元互动，营造了赛什克和谐的人际关系。

基于新时代航运发展状况下海员生存情况探究

团队：大连海事大学

团队成员：杜明昊、赵闯、蒋舒敏、高伟、黄超丰、邵潇可、
　　　　　马一骁

指导老师：吴卫兵

时间：2017年

改革开放三十多年来，中国的航运经济取得了巨大的发展，目前我国在船队规模和船员数量等方面均已处于世界前列，是世界公认的航运大国。

近年来，我国的航海教育在国家的大力支持下已经取得了长足的发展，船员的培训数量有了很大的提高。但同时，我国船员队伍也面临着严峻的形势：高素质船员流失严重，航海类一线人才总体数量严重不足，人才队伍还不能很好地适应航海事业发展需要等。

因此，大连海事大学暑期团队前往各个相关的企业以及单位进行实地调研考察，分析调查实际原因。实践目的地为辽宁省海事局、连云港市海事局、扬州市海事局、南京市海事局，以及江苏省省内几家船舶公司。大连市、江苏省沿海地区已成为主要的船员聚集地。两

地海员劳务市场不断壮大，经过几年的努力，江苏省海员外派地由台湾、香港等周边市场逐步向新加坡、日本乃至欧盟地区等全球市场发展，已逐步具备全球船舶配员中心的潜力。因而选择江苏地区的航运业企事业单位作为调研的目的地是具有丰富的实际意义的。此外，连云港作为"一带一路"倡议中海上丝绸之路的起点，在航运和海洋产业日益受到国家重视的今天，进行调研的意义也相对较大。

同时向海上专业学生发放调查问卷，问题将主要集中在上船与否、工作类型、工作待遇等，了解海上专业学生职业生涯发展期望，与调研结果对照分析。最终生成结果，为海上专业毕业生提供参考。

问题提出

船员流失问题：高素质船员流失严重，航海类一线人才总体数量严重不足，是蓬勃发展的中国航运业头上的一片乌云。

船员管理问题：由于目前船员管理政策和制度制定方面存在不足，导致在船员考试评估以及对船员任职期间其实际工作表现、安全记录、职业道德等方面缺乏有效的管理手段和措施，明显制约了我国高素质船员队伍的培养。

船员心理问题：船员长期生活在大海特殊的自然环境和船舶特殊的人造环境中，多种复杂因素交互作用，导致远洋船员心理素质弱化，心理问题频频出现，给船员管理造成了一定的阻碍，同时加重了船员流失问题，对船舶安全航行也造成了一定的影响。

船员管理问题

主要存在问题：

1. 立法明显滞后，法制体系不健全

我国目前的航运船员管理法制还存在很多的问题。主要表现为：

一是虽然法律、法规不少，但大多内容陈旧，且较为原则，可操作性不强；二是规章多，立法层次低，法律效力有限；三是法律、法规、规章之间缺乏整体性，相互之间协调不够，有的甚至存在冲突、矛盾；四是立法尚未形成体系，一些重要的领域存在法律上的空白；五是船员管理立法与国内其他行业和国外发达国家以及国际惯例有较大差距。

2. 公司分割，管理不一，政出多门

现行船员管理体制不适应社会主义市场经济要求。主要表现在：一是存在明显的公司差别，人为地割裂了船员管理的统一性。这与全国统一航运市场的特征不相适应。二是各公司部门权力利益化。我国船员管理长期以来实行垂直管理，有关公司的政策法规直接贯彻到行业基层。各公司为了维护自身的利益和行为规范，对船员整体利益考虑较少，公司之间缺乏必要的协调和联系。这种公司分散化管理加剧了公司的保护主义，造成各公司各行其是，政令不畅，难以保证国家船员管理政策的有效实施，削弱了船员管理的整体效能，阻碍了公平竞争和航运市场的培育、发展，无法真正形成上下有序、密切配合、有机统一的管理体系。

3. 公司管理不力，问题较多

管理不力主要是因为船员管理公司体制导致船员管理主体职责分工不明确。由于没有一个全国统一的船员管理公司，而各船管公司内部的分工又不够明确，造成问题较多。

（1）多公司管理，不利于管理的统一

改革开放以来，政府相继颁布了一批政策性文件，基本上起到了规范船员管理的作用，但由于在多公司管理体制下，没有一个统一的管理公司，影响了有关文件的实施。各公司的船员管理的设置各不相同，管理目标不同，人员素质参差不齐，船员管理依据各异，尺度不一。船员管理模式的构建即便是船管公司内部也存在着交叉。如安全部与船员管理处都对船员有安全教育的责任。他们在这方面就存在着严重的职能交叉、相互掣肘的现象。这些都造成了管理漏洞和矛盾。

（2）经费来源不足，船员管理手段薄弱

在航运市场高速发展的今天，各船管公司加强了对船舶的管理，而忽视了对船员的管理。目前大部分公司的管理经费都投入到了船舶管理，使船员管理经费来源不足，管理手段薄弱，该管的管不了，严重影响了管理的效果。

（3）机构臃肿，队伍膨胀，管理成本高

现行各船管公司，由于一味讲究机构对口设置，分工过细，导致管理门类繁多，机构设置混乱，人员膨胀。由于各管理部门需要相应的组织机构，人员队伍和工作场所、设施，公司必须分别投入资金进行建设和管理，导致人力、财力、物力的"内耗"，增加了公司的负担。并且，尽管管理人员总数庞大，但由于各自为政，条条分割，使得管理力量分散，工作中无法形成合力，效率反而不高。

建议模式构建

1. 提升培训机构标准，严格控制生源质量

一是加强对培训机构的管理，确保硬件够硬，软件达标。二是加大对生源质量的管理，做到宁缺毋滥。如果单纯从盈利角度去进行船员培训，无疑会对船员个人和社会造成很大损失。

2. 拓宽船员就业渠道，扩展国际船员市场

首先政府相关部门要鼓励船员走出去，高度重视船员外派业务，从全局出发考虑和制定我国外派船员劳务中、长期发展目标和实施纲要，从宏观上指导我国外派船员劳务的发展；其次，政府应加大对航

海教育的资金投入，并在船员培养方向上加以引导，加强外派船员的培养比重，为我国的外派船员劳务事业奠定良好的基础；再次，不断提高船员劳务公司的管理能力，提高外派船员的质量，提高中国船员在国际市场上的竞争地位。

3. 改进公司管理模式，完善船员在船培训

一是要完善相关的培训制度；二是要配齐相关的培训设备；三是要不定期对船员所进行的培训进行现场考核。

4. 规范船员服务机构，建立信息共享平台

加大对不按规定开展业务的服务机构的管理力度，建立第三方船员信息管理平台。船员信息平台由专门机构管理，对船员的资历及任职表现如实记载，对船员所参加的培训建立系统完整的记录。通过船员信息管理平台为会员提供信息服务，充分发挥船员公司、海事主管机关和船员之间的桥梁纽带和参谋作用，促使船员市场健康有序发展。

5. 加大海事监管力度，提高船员适任能力

为保证海上运输的安全和海洋环境的清洁，加大海事监管力度以确保船员的适任能力是非常有必要的。一是加强船员的培训考试发证管理，保证培训按质按量完成，保证考试严格有序进行，保证证书的发放准确无误。二是要加大对公司体系的审核，认真落实公司质量管理体系中关于船员适任能力管理的相关规定。三是加大PSC/FSC检查中对船员适任能力的现场检查。船上关于船员培训的记录只是对船员培训的静态记录，而真正了解船员的适任能力则需要对船员进行相关项目的现场考核。

船员心理问题

为了解船员心理现状，本团队利用航海院校船员教育与培训的有

利条件，利用2008年通过对在职船员及航海类专业学生（共259个调查对象）进行广泛的调查与咨询，用症状自评量表（SCL-90）进行测评并利用心理档案管理系统将所有问卷进行统计，分析目前船员心理的现状，尤其是不健康的心理表现，并获得一些有价值的结论。

调查分析显示，现职船员（部分）的心理问题较正常人群严重，心理健康的水平低于中国正常成人。这些船员海上航行前后各项因子得分比较：航行后躯体化、强迫、焦虑，其他等因子分数明显高于航行前水平，说明海上航行是一个生活事件，使这些船员产生了身体不适、强迫症状、抑郁、焦虑、睡眠问题等反应。究其原因，长期的海上航行、轮班作业带来的生物节律紊乱，加上长期缺乏锻炼，身体素质随着年龄的增长而下降导致许多心理问题。

解决办法

1. 宣传船员职业，弘扬航海文化。这些活动非常有利于提高社会各界对船员的认识，纠正误解，树立船员良好形象，弘扬海洋文化，最终建设海洋强国。船公司也应借助相关活动，做好船员宣传工作，为我国海洋强国建设做出贡献。

2. 建立在航期间船员与陆上的有效沟通渠道。目前，实现通信的最大障碍是通信费用过高。解决通信问题在于开发低价、高效的通信模式或通信系统。考虑到实际情况，合理的做法是对现有通信设备进行改造利用，采用离线、在线等多种更新方式。

3. 做好职业生涯规划辅导，培养再就业能力。建议社会对船员进行第二职业技能培训，如财务、计算机、人力资源管理等。在公休期间，允许船员从事其他职业，或者进入公司某个部门从事辅助性工作，公司根据其工作量对其支付报酬等。

4．提高船员待遇，鼓励航海事业的发展。当前航运业的高级船员流失严重，经济因素是一个重要原因。有高级船员表示，自己对事业的付出与回报不成正比，得不到家人支持。这对船员在工作上的投入度显然有影响。为改善当前局面，留住高精人才，社会各界应考虑提高船员薪酬。

5．做好心理辅导宣传，正确认识心理问题。船公司应当做好心理问题的宣传普及工作，帮助船员认识到心理问题具有普遍性，每个人或多或少都存在心理问题，不必引以为耻，也不要讳疾忌医，应当接受正规的医疗救助。

6．增强船员的社会归属感。增强船员归属感是人性化管理的必然要求，也是社会主义和谐社会建设不可分割的一部分。船员的社会归属感来源于其福利、健康保障以及出航后家人所受社会关爱保障的程度。这一问题主要依靠海员工会解决。海员工会应当发挥自身作用，为船员谋取福利，在日常生活中对船员家属遇到的问题及时解决，解决船员的后顾之忧，在节假日对船员家属送上节日问候，在船员归航时迎接他们归来，让船员感受到时刻被社会关注。

"劣迹保姆"零容忍
——上海市家政服务失信监管体制研究

团队：华东政法大学

团队成员：侯小茗、程梦琳、黄荣、周嘉吉、熊吉琛

指导教师：吴一鸣

时间：2018年

当今社会，家政服务已成为众多家庭的刚性需求，但如何"选得放心，用得安心"却长久地困扰着广大人民。2017年杭州保姆纵火案更是全面引爆家政行业危机，无论是普通民众还是专家学者，都在强烈呼吁加强家政服务业失信监管。2018年国家发改委等多部门签署发布的《关于对家政服务领域相关失信责任主体实施联合惩戒的合作备忘录》更是表明了国家规范家政服务行业之决心。

在此背景下，本组以家政服务行业的失信监管体制探究为题，走访了家政服务企业、行业协会、雇主、家政服务人员以及法律专家学者，通过了解上海市家政服务业的监管现状，在借鉴国内外成熟制度的基础上为完善我国家政服务业的失信监管体制建言献策，以期能够促进家政服务业的健康发展，为民生工程贡献一份力量。

困境及其成因

本次调研围绕失信监管的多方主体展开，总结了相关政府部门与各商事主体在监管链条中的地位与作用，同时从供需两端入手，调研了家政服务人员与企业、服务接受者与潜在消费者对家政服务业现有监管制度的了解程度、具体评价与改进建议。

目前，上海市已将家政服务行业纳入重点民生工程，规范化程度领先全国，并在全国范围内率先探索"家政服务业统一上门服务证""家政服务从业人员登记注册证"两大管理体系。

但我们在调研中发现，当前上海市家政服务业正面临严峻的信用困境，劣币驱逐良币的现象严重，行业规范化、法治化程度低。究其原因，主要有以下几大方面。

（一）政府主管缺失

本组在调研中发现，无论是行业自律还是政府监管，目前都未将"散兵式"家政服务人员与未注册的"黑中介"纳入规范的范畴。而在推进整个家政服务行业规范化发展的过程中，如果不对上述两类主体加以约束，劣币驱逐良币的现象将会越来越严重。这种主管缺失现象的不良影响不止于此，究其原因主要有以下几方面：

1. 立法滞后造成空白逼仄的制度困境。我国当前的家政服务行业规范化探索还处于初级阶段，没有形成一套完整有效的监管机制。虽然上海市商务委早在2016年就开始研究并起草《上海市家政服务业管理办法》，但目前仍是调研项目，距离该地方法规的出台仍有很长的一段距离。

2. 监管离散导致效能低下的内部能耗。以上海市为例，家政服务行业在行政层面涉及的部门众多，包括市商务委、人社局、民政局、卫计委、工商局、妇女联合会等，但却没有明确对应的具体部门。多头管理就容易产生监管交叉区域,某一领域各部门都有权管辖,但管辖权不明晰,导致各职能部门间相互"踢皮球"的情形屡见不鲜,最终带来监管缺位的不良后果。

3. 技术阻隔带来配套建设的迟滞不前。目前在使用的家政系统虽设有多个功能版块,但并未全部投入使用,基本停留在信息录入的初级阶段。联网功能的缺失使得该系统更像是分散的数据库,而无法通过信息共享互通"毒保姆"的违规信息。

4. 激励不足使得推行上门证、员工制等举措力不从心。本组通过调研发现,上门证的使用率仍非常低,实际持证率仍不足10%。而被认为是破解家政服务人员流动性大难题、加快家政行业健康有序发展的员工制也推行遇冷,管理松散的中介制仍是当前家政服务企业的主要模式。

(二)行业监管不足

在调研中,本组通过对市、区两级家庭服务行业协会的走访,了解到当前家政监管与服务人员信息建设中两者各自起到的不同作用,但均面临监管工作推进困难的状况,导致行业监管不足。究其原因,有以下三点:

1. 行业协会的权威性不高。一个行业协会在业内的权威性高低直接影响加入该协会的市场经营主体的比重。当下,上海市家庭服务业行业协会发展会员不足千家,占市场经营主体的比例过低,说明了行业协会在业内的权威性不高。由于行业协会权威性不高,一个特定经营主体对于是否加入行业协会的考量也会更为审慎。在这种情况下,需求方就更不可能仔细甄别,选择协会成员了。因此,协会的监管对象范围狭窄,且对于协会的日常管理也提出了考验,受制于成员意愿而难以大幅提高监管标准以及开展上门服务证的推广工作。

2. 家政服务的特点导致评价体系难以建立。对家政服务机构的综合评价包括家政服务机构的经营面积、整洁度、设备配备程度等客观要素自然要适当考虑，但说到底还是要看这家机构提供的家政服务的质量怎样。但由于家政服务具有主观性、私密性和分散性，导致评价困难。

3. 规范性文件的非强制性导致执行力度不足。《家政服务溯源管理规范》是全国家政行业率先制定的第一部对家政服务信息进行追溯管理的地方性标准。但是，就像上文所提及的那样，其目前还处于行业自律规范阶段，推进立法的计划可能在三至五年后才会实践。

（三）家政企业配合不力

要打造诚信安全的上海家政生态圈，应当构建统一、信息全面且覆盖全市的共享数据库，实现家政人员的规模化管理和家政企业的互惠互利。然而当下，家政企业难以共建统一且信息完备的共享数据库，企业之间无法以规模效应为目标协同共进，其原因有五：

1. 政府提供的公共服务平台较多且不强制家政企业使用。家政业在行政层面涉及部门较多，监管交叉区域分工不明。目前为止，不同的政府部门设有两个服务平台，且两个平台均不强制家政企业使用，因此，仅受访的几家名气较大的家政企业，就因分别使用了不同的服务系统，导致了大数据的分散。

2. 家政企业怠于将非基本信息或者雇主评价上传至公共数据库。若要发挥公共数据库岗前培训、资质核查、劣迹溯源、全程评价的功能，下游企业应当积极履行上传信息并保证信息真实翔实。然而，在这样一个传统且庞大的行业中推广信息化必然阻挠重重。

3. 共享数据库并不适宜以信息为主导的家政行业。家政行业在极其漫长的一段时间内都是以中介形式存在的，可以说数据信息就是一个家政企业的安身立命之本；另外，家政人员流动性极强，可以同时登记挂靠于多家家政企业中，若要在行业内傲立群雄，就必须拥有独一无二的内部数据库，建立起有企业特色的人员准入、人员选配和工作协调等制度。

4. 家政人员的选用和管理弹性较大。主管部门仅为家政公司提出较为抽象的指导路线和方针政策，即便是平时沟通较多的家协也不会过分干预家政公司的经营活动。由此，家政行业的"自治性"极高，对从业者的录入、选用、剔除以及对家政人员的信用监管都有各自的尺度。加上家政企业对内部人员宽容护短这一特点，导致尺度的执行弹性较大。

5. 家政企业风险较高、缺乏保障，无力承担过高的家政人员审查义务。如今沪上家政人员缺口较大，但家政企业风险较高。由于雇主购买家政险的意愿不强，一旦家政人员在工作中遭遇意外伤害，家政公司也很难撇清责任。雪上加霜的是，目前为止没有为家政企业的风险投保的保险。

（四）家政人员素质有待提高

家政行业恶性事件频发的原因，很大程度上来自市场上家政人员素质的参差不齐。该现象的成因有三个方面：

1. 家政服务需求日益旺盛。随着人民生活水平的不断提高，以及我国家庭小型化、人口老龄化、生活现代化的发展，家政服务需求日益旺盛。市场需求快速扩大，使家政服务市场出现鱼龙混杂、良莠难辨、野蛮生长的现象，无门槛或者过低的门槛无疑会埋下安全隐患。

2. 家政人员受教育水平、受培训比例较低。根据统计，经过系统、专业化培训的人少之又少，持证上岗率不足10%。虽然上海市政府提供了家政行业培训补助，但目前的家政培训主要由各家政公司及外包的培训机构进行，对本公司的家政人员进行简单的技能培训，对于职业素养和道德方面则鲜有提及。此外，家政人员对于岗前培训的重要性和未来的职业发展并没有长远的考虑。

3. 隐瞒过往经历难以令人察觉。在调研中我们了解到，确实存在有不良行为（如偷拿雇主物品、虐待老人小孩等）的家政人员在被上一家雇主辞退后，隐瞒过往经历直接进入下一家工作的情况。

（五）雇主安全意识缺乏

在新闻报道的一系列"毒保姆"新闻中，雇主往往没有足够的安全意识，未全面了解或未选择证照齐全的家政人员，并且这一现象在现实生活中较常见。根据问卷结果，小组认为该现象的成因也有三方面：

1. 出于经济原因，18.23%的雇主愿意选择无证人员。由于家政公司需要收取中介费、需要签订合同，过于烦琐，因此家政服务的安全性似乎并不是雇主们首要考虑的。雇主作为家政服务行业的终端，若缺少安全意识，缺少对家政安全制度的认可和支持，会直接导致家政行业难以监管、乱象丛生。

2. 过度的情感包容。采访雇主时我们发现，大部分雇主愿意信任在家工作的家政人员，甚至将自家钥匙的备份给予家政人员保管。从道德角度考虑，人与人之间的相互信任是值得赞扬的，但过大的信任空间同样也会带来风险。

3. 不知信息查询、权利保障的途径。在与红馨家政的访谈中了解到，当雇主发现家政人员不法行为时，第一反应通常是联系家政服务企业，找到当初牵线的工作人员，在电话中投诉和抱怨。但是，这样做只能使家政服务企业了解自己的家政员有哪些历史记录，而无法让下一家雇主直接了解这一事实，维权途径也只能由家政服务企业来指点。如果雇主有更多的表达渠道，那么家政人员侵权事件的发生也必将大大减少。

对策破局

针对上述困境与难题，我们在借鉴国内外先进经验的基础上提出了以下解决方案：

（一）立法层面

根据当前家政服务行业的发展状况，建议完善从业人员信用体系，提高行业准入资质，并将此类内容以法律法规的形式确定下来。通过立法，明确和理顺家政服务行业的政府主管部门及行业协会的归属与职能，规范家政服务企业经营模式，明确家政服务人员的法律地位、权利义务以及家政服务人员持证上岗、健康体检、登记管理等行业要求，强化家政服务企业的管理服务责任和自律要求，理顺家政服务企业、家政服务人员和雇主之间的关系，切实补救因法律法规缺失所导致的行业漏洞。

（二）政府部门层面

1. 成立协调工作组，明确主管部门，方便其对行业的发展进行服务与引导，并明确其他行政部门的具体责任。应当做到分工明确、配合默契、监管到位，改变当前对家政行业各部门职责都涉及但权责不清的现状。

2. 加强政策扶持，推进上门证、员工制等制度落地生根。同时要加强对各类家政服务企业和家政服务人员的管理，特别是工商部门，要及时查处黑中介，以避免劣币驱逐良币的现象发生。

3. 加强溯源系统建设，开放市民监督。应加强整合公共数据库或者平台,鼓励家政企业积极上传信息和评价,打消家政企业对公开商业秘密的忧虑,保护家政服务溯源过程中的个人信息等。

4. 加强雇主宣传教育。宣传法律意识和安全意识,提示雇主把握超工作关系处理尺度,端正雇用管理态度。

(三)行业协会层面

在调研中,市、区两级家庭服务行业协会都提出了其对于未来家政监管制度完善的建议,本组总结形成以下建议规划总结表。其中,有部分规划与本组的建议不谋而合,是具有可行性与科学性的新思路。

综上所述,本组认为行业协会应当从推动从业人员职业化发展着力,紧紧围绕上海建设国际化城市的大目标,努力探索和努力推进"上海家政"服务品牌战略计划。对此,需要建立和完善常态化的监管机制、长效化的政策制度和全方位的保障体系。具体而言,本组从三大环节提出配套建议:事前环节建立和完善培训与考核体系;事中环节建立完善的星(等)级标准体系和完善的价格挂钩体系;事后环节完善服务纠纷处理机制、健全信息宣传体系。

(四)家政企业层面

1. 加强自律管理。家政企业的宽松"自治"现象来源于监管不严、职责不明的主管部门,因此明确本行业的主管部门才能釜底抽薪,规范企业科学化管理,在此不再赘述。与此同时,家政企业也需要从严自律,摒弃落后模式。首先,统一准入资格。其次,纳入现代企业的管理体制。最后,家政企业有义务告知雇主上门服务证具有追溯、查询、评价的功能,令雇主可以排除家政企业刻意护短的不优秀员工。

2. 加速管理模式转型。为避免家政企业承担过重审查义务,一方面,应当鼓励中介制企业合并做大,并向管理制转变;另一方面,针对中介制企业，应当推进家政企业减负。具体聚焦于如下措施：其一，强制家政人员家政险的缴纳，减少因未缴纳家政险而引发的家政人员和家政企业的纠纷。其二，鼓励家协与保险公司合作，由保险公司制定出被保险人为家政企业的险种，降低中介企业业务风险。其三，指导家政企业进行法律咨询和援助，维护自身合法权益。其四，覆巢之下，焉有完卵，主管部门或行业协会应当展开宣传，培养家政企业在本行业内的主人翁精神，不可无理由护短、搅乱市场秩序，让家政企业积极主动进行对旗下员工的审查工作，与主管部门、雇主等其他主体相互配合协作。

3. 加强家政服务人员教育。一方面，应引导服务人员完善个人职业规划；另一方面，应加强家政服务人员岗前训练。

结语

在《关于对家政服务领域相关失信责任主体实施联合惩戒的合作备忘录》颁布之后，对家政服务领域失信现象的纠正势在必行。尤其在家政服务人员数量庞大的上海，家政服务业失信监管作为新课题，调研意义非常突出。

本组总结了各类主体对家政服务业现有监管制度的评价与建议，结合专家建议与事前设想，在借鉴国内外成功经验的基础上为完善家政服务业失信监管体制提出了可行性建议。同时，本组分析了信息披露需求与隐私保护需要的矛盾冲突，在现实家政服务卡的基础上，借鉴其他行业的信用信息与事后评价管理系统，设计了溯源系统实体卡片与个人信息界面。希望本组调研与结果宣传能够促进家政服务业的健康发展，为民生工程贡献一份力量。

我国刑满释放人员的就业帮扶困局及其破解
——基于广州、长春两地的调研

团队：吉林大学

团队成员：孙超群、李相坤、贾国超、朱玮洁、张阳

指导教师：许玉镇

时间：2018年

就业是民生之本，刑满释放人员的成功就业是其经济自立的前提，没有物质保障的生活会为再犯罪行为的产生提供动机，滋生反社会的情绪，阻碍其回归社会的同时也对公共安全埋下了隐患。团队认为，当前刑满释放人员面临的就业问题是以求职难度大、边缘就业和不稳定就业为主要表现形式的不平等就业。中国每年有近30万刑满释放人员产生，如若刑满释放人员回归正常的就业轨道，这依旧是经济建设的重要力量；但如果不平等就业现实长期存在，则会使刑满释放人员缺乏社会自尊与自我认同，阻碍其回归社会的同时也会影响社会的和谐稳定，为公共安全埋下隐患。

研究发现，国内相关研究角度多集中于社会学与法学，但是从公共管理角度出发的很少。本研究的核心问题是如何实现刑满释放人员

回归社会中的平等就业，通过对当前刑满释放人员就业现实的调查与就业帮扶政策的评估，分析了当前该群体不平等就业的表现与症结，面对前科歧视、社会排斥以及就业意愿等问题，政府需认清功能优势而承担责任。落实到具体的治理方式，政府需规范并创新治理方式，加强与监狱、社区、企业、传媒等多元力量的合作互动，以改善当前就业帮扶政策效果与持续性。

一、刑满释放人员的不平等就业现状及成因

基于在长春市与广州市的实践调研，团队选择了几位较为典型的案例，进行了细致深入的剖析。通过案例分析，可以得见，刑满释放人员的就业困境较为显著。刑满释放人员作为"烙印群体"的显著代表，亦作为社会正常的公民，却面对着社会的歧视与排斥，其就业问题亦是愈加突出。《中华人民共和国监狱法》第三十八条规定："刑满释放人员依法享有与其他公民平等的权利。"刑满释放人员作为普通的社会公民理应享有就业平等的权利，但现实情况却不尽如人意。

刑满释放人员在出狱后，首先要解决的问题是寻找就业渠道，我国刑满释放人员就业的方式总体而言有两种：政府推荐与自谋职业。团队深入分析了这两种就业方式的各个环节，发现其不能从根本上实现刑满释放人员广泛就业的关键性问题。

关于政府求职推荐，政府介入刑满释放人员的求职环节，这弥补了刑满释放人员社会资本匮乏的现实，可以在企业和刑满释放人员之间起到桥梁的作用，从而帮助刑满释放人员顺利找到工作。然而，在当前，政府介入若要成功发挥桥梁作用，需要依次满足以下三个条件：（1）刑满释放人员提出求助申请；（2）刑满释放人员满足相关企业的要求并具备基本的技术水平；（3）刑满释放人员满意相关企

业的待遇条件。政府介入的本质实际上是促成企业与刑满释放人员协商一致,但能同时满足这三个条件的情况相对较少。

关于自谋职业,较之于政府推荐获得工作的数量,刑满释放人员自谋职业的数量要高得多。然而,自谋职业的关键问题在于支持此类行为的政策落实不力,刑满释放人员在寻求雇主和自我创业时,有限的竞争力使其对政策帮扶的需求较大。但是在我国很多地区,接纳刑满释放人员的用工单位和自主创业的刑满释放人员并没有得到实在的政策优惠,这一方面使相关企业没有接纳刑满释放人员的动力与兴趣,另一方面又使刑满释放人员的创业由于无法适应社会的节奏而早早夭折。

我国刑满释放人员就业现状中另一突出问题在于不稳定就业。目前,刑满释放人员的工作类型以临时工或个体经营居多,主要依靠摆地摊、捡拾废品、政府低保等类似方式维持生计,存在着工作时间不固定、工作更换频率高的现象。刑满释放人员群体出狱后面对着工作岗位不稳定和薪酬预期过高的激烈矛盾,巨大心理落差和社会歧视反过来更加剧了他们更换工作的频率,无法专心稳定地从事一项工作。从此角度出发,团队发现长期难以寻求到满意的工作会使部分刑满释放人员再次走向歧途。

在对刑满释放人员就业现状分析过后,课题组总结出刑满释放人员就业困境的内在机理包括以下三个方面:

首先,前科对于刑满释放人员来说是一个无法回避亦不能回避的问题,《刑法》第一百条规定:"依法受过刑事处罚的人,在入伍、就业的时候,应当如实向有关单位报告自己曾受过刑事处罚,不得隐瞒。"这就是我们通常所知的前科保留制度。按照《监狱法》的解释,前科保留和就业歧视是对刑满释放人员就业资格的剥夺。然而,

《劳动法》中关于歧视方面并没有包括取消对前科的歧视，我国的法律条文关于刑满释放人员就业权利是相互矛盾的。

其次，社会个体具有本能的自我保护意识，对可能有威胁的人或事均会感觉不适，进而在行为上做出调整以保护自己。刑满释放人员出狱后就被贴上了"危险分子"的标签，对他们的戒心使社会对其产生了广泛的排斥。同时，刑满释放人员也存在自我排斥现象，他们潜意识中将自己划定为"另一群体"，更由此丧失了本应属于公民的维权意识，对自己面对的就业歧视与就业问题隐忍大于求助与申诉。

最后，对于刑满释放人员而言，掌握专业的职业技能有利于其更为顺利地投入到市场化就业进程中去，一定程度上可以弥补刑满释放人员不可变的竞争劣势所带来的影响，提高就业能力，从而更好地回归社会。但是，当前的就业帮扶体制中却没有针对刑满释放人员群体的专门技能培训体系，甚至没有定期的职业技能培训制度。而刑满释放人员的学历水平多数不高，如果从问题的另一个切面来看，个人的文化素质较低同样也导致刑满释放人员出狱后适应新环境的时间比较长。

二、我国刑满释放人员的就业帮扶困局

二十世纪以来，在我国社会主义市场经济高速发展，待业人群不断增多的现实背景下，刑满释放人员的就业问题已经涉及司法、人社、税务等政府工作的众多方面，各级地方政府陆续建立了以党委作为领导核心，司法单元负责，相关部门协同参与组成的刑满释放人员安置帮教机构，以期达到各个部门的协同合作。但由于不同部门之间的分工与职能并没有具体划定，刑满释放人员的就业帮扶工作实质上还是由司法部门独立负责，各个部门之间信息共享的不畅使司法部门

很难动员其他部门的力量。因此，刑满释放人员的就业帮扶工作依旧面对着财力匮乏、人力不足的窘境。

因此，司法部门开始寻求企业的合作来建立刑满释放人员就业安置点，通过签订协议的方式让企业承诺在刑满释放人员的求职与工作的过程中，不对其有任何歧视。政企合作的刑满释放人员就业安置点在全国如火如荼地铺开，各级地方政府也把刑满释放人员就业安置点的数量列入了司法维稳的考核标准，设立了最低底线。

然而，政企合作的就业安置点建设随着时间的推移暴露了其明显的局限性。政府对就业安置点的实质支持是严重不足的，在刑满释放人员就业帮扶的实践过程中，企业接纳刑满释放人员完全是出于企业负责人的社会责任感。如果没有相关人员的社会责任感和同情心，就业安置点的建设就会成为无源之水，政策的切实落地自然没有稳定的保证。这也决定了该模式下的政企合作关系是脆弱的，不仅接收刑满释放人员的数量有限，而且很难保证就业帮扶的持久性与有效性。

传统就业帮扶模式的崩塌要求政府做出行之有效的政策改革，2016年10月底，司法部、中央综治办、民政部、财政部联合发布了《关于社会组织参与帮教刑满释放人员工作的意见》。《意见》指出"各级司法行政、综治组织、民政、财政部门要高度重视社会组织参与帮教刑满释放人员工作，在党委、政府的领导下把社会组织参与帮教刑满释放人员作为加强社会治安综合治理、推进平安建设的重要内容"，这虽然提供了一个刑满释放人员就业帮扶的新思路，但需要指出的是，目前我国各地方政府对于如何将社会组织纳入刑满释放人员就业帮扶工作的实践还不够成熟，且起步较晚。

政府一旦出现就业帮扶的参与缺乏，会使刑满释放人员心存不满；而政府做出了相应调整，且付出了政策努力，得到的群体回应依旧是刑满释放人员的冷漠。因此，在重新审视引入社会组织参与帮扶的新模式时，现实的问题并不是出在过渡性就业帮扶基地的整体设计上，而是出现在落实过程中的操作粗糙。

帮扶政策的不顺畅则证明，刑满释放人员的就业是更为复杂的系统——政府对该群体的就业帮扶实质上陷入了帮扶困局，即政府已经做出了重大努力，却依旧难以满足刑满释放人员的利益诉求以改善不平等就业的现状；刑满释放人员扰乱社会秩序、威胁公共安全的行为并未得到根本解决。

刑满释放人员在社会回归中的就业难问题由来已久，但却始终都没有形成一个稳定长效的刑满释放人员就业帮扶机制，刑满释放人员群体的不满情绪依旧长期存在。通过进一步探析目前两种主流刑满释放人员就业帮扶模式，可以发现，二者的共同点在于就业帮扶政策建立的根本目的皆是为了降低刑满释放人员的再犯罪率。

实际上，再犯罪率并不能反映刑满释放人员的就业情况是否得到了真正的解决，他们的生活是否真正得到了安置，他们的根本需求是否得到了真正的满足。因此刑满释放人员社会回归困局产生的本质，在于政府的政策选择是以维稳为目标的"管控"还是以人为本的"服务"。

三、刑满释放人员就业帮扶的政府功能及政策调适

（一）刑满释放人员实现平等就业的政府功能

前科对于刑满释放人员来说是一个无法回避也不能回避的问题，它直接增加了刑满释放人员争取就业的难度。但是从另一角度看，社会是一个公共空间，隐藏刑满释放人员的前科一定程度上也会造成对其他人权利的伤害，因此前科公开也有了存在的正当性。因此政策的

弹性在解决刑满释放人员的前科问题中就起到了不可替代的关键作用。首先社会要正视就业歧视政策的存在,在理论依然有所依据的时候不能贸然消除它,然后上溯前科问题的根源。团队认为社会对刑满释放人员的不相信并不是因为他们的前科,而在于不相信刑满释放人员会改造完全,因此前科存废不是关键,关键在于如何完善刑满释放人员的教育改造体制,而最后落实到刑满释放人员的就业环节中,政府完全可以根据刑满释放人员的改造情况为其进行诚信担保,让社会公众更易于接纳他们。

政府可以通过政策优惠、社会保护以及舆论引导等方式去改变社会对刑满释放人员的态度,通过联合多元主体共同对刑满释放人员进行帮扶。

不可否认,刑满释放人员群体中的确存在少数思想极端的(以短刑期为主),他们即使出狱后,好逸恶劳的行为习惯依然存在,排斥劳动现象屡见不鲜,对工资的要求很高却不愿付出过多的努力。政府目前对刑满释放人员的就业帮持有受益方自愿申请的原则,因此对没有就业意愿的人不会进行帮助。必须注意的是,虽然政府是否应该对没有意愿工作的人进行帮助值得商榷,但是团队认为针对刑满释放人员群体的特殊性,对其进行就业意识培养是有必要的,越是就业意识薄弱越是对和谐社会建设存在着潜在威胁。而政府则可以通过政府行为对刑满释放人员的个人偏好进行引导,使刑满释放人员坚定就业意向。比如通过宣传教育、职业培训、心理观察以及物质支持等手段来引导个人就业意向,当然政府还需更好地完善引导形式,将引导行为制度化、合理化。政府的就业帮扶政策应向促进刑满释放人员就业方向倾斜,引导缺乏劳动意识的刑满释放人员走向就业。

（二）刑满释放人员就业帮扶的政策调适路径

在刑满释放人员的就业帮扶中，政府应以维护刑满释放人员的平等就业权利为根本目的，培养刑满释放人员的公民感，从以人为本的帮扶出发设计政策，促使刑满释放人员真正地回归社会、走向新生。需要指出的是，政策转型的实质是从以传统的经济政策为主转移到以社会政策为主，工具是从司法桥梁过渡转变到社会桥梁过渡，理念是从安置帮教转换到平等帮扶。落实到具体，主要包括三方面：

首先，刑满释放人员群体内部同样存在着特殊性和差异性，群体中的每个人都是一个独立的个体，每个人在融入社会的过程中会遇到不同的问题。针对这个大群体中的多样化的个体绝不能采取"一刀切"的帮扶方式，因此监狱需要在刑满释放人员出狱前进行回归能力的评估。

其次，目前我国学界对于是否应当只针对刑满释放人员设立系统的免税政策说法不一。支持设立免税政策的目的在于鼓励刑满释放人员积极创业，并鼓励企业尽可能多地容纳刑满释放人员，但这实际上不利于培养刑满释放人员的公民感，更在无形中给刑满释放人员增加了许多回归阻力。刑满释放人员从现实意义上讲其实是社会中普通的一员，无法将其定义为严格意义上的弱势群体。因此政府应建立一个模范企业的综合评价体系，将刑满释放人员的就业帮扶作为一项指标纳入其中，从而提升企业的社会责任感，使刑满释放人员真正感受到自己是与普通人无异的公民。

此外，刑满释放人员是正常的中华人民共和国公民，但实际上他们却没有享受与普通公民相同的待遇。前科报告制度是可以存在的，但是不能把有无犯罪前科作为聘用门槛，这是对我国监狱改造体系的不信任，也是对于人权的蔑视。某些行业对刑满释放人员的"排斥"

是不利于刑满释放人员以自信热情的态度回归社会的。

最后，社会组织参与就业帮扶的优势在于它是区别于政府与刑满释放人员之外的第三方，更易于走近刑满释放人员，而这对于了解该群体的真实诉求拥有天然的优势。作为刑满释放人员进入社会的门口，监狱在服刑人员出狱前三个月会将其转移到出监监区，集中对该群体进行出监教育，帮助其回归社会，这是刑满释放人员规训教育阶段的末端，更是刑满释放人员职业能力养成的重要阶段。

"一带一路"背景下中俄跨国流动研究
——以黑龙江省黑河市俄罗斯人跨国养老为例

团队：黑龙江大学

团队成员：刘俊楠、赵雪艳、王雨曦、王艳凤、史政泽、
杨洪远、赵桐杉

指导教师：唐戈

时间：2018年

中国和俄罗斯在地理位置上具有一定的地缘优势，因此，自古以来两国之间来往密切。而近年来，我国的"一带一路"倡议为未来中俄区域经济合作带来了新的机遇和发展的可能。目前，中国已经发展成为俄罗斯入境旅游第二大客源国，同时，中国也是俄罗斯的第二大旅游目的地国，由此可见两国拥有着巨大的旅游合作潜力。

"跨国养老"作为代表时代发展的新鲜词正在逐渐走进人们的视野。2014年以来，黑龙江省将养老产业发展作为拉动经济增长的一项重要举措，将养老产业纳入"新四型经济"，充分发挥地缘优势，扩大养老产业的规模。通过加强中俄两国之间文化交流与经济合作，构建优质便捷的通关环境，加强基础设施建设，提高服务质量，开创跨

国养老模式，吸引国内外老年人进行新型养老体验，间接带动当地旅游产业发展。由此可见，跨国养老有望走向更加广阔的市场，成为拉动地区经济发展的新引擎。

一、跨国养老的研究分析

（一）饮食文化的适应情况

吃穿住用行是一个人存活在这个世界最基本的要求，无论哪个国家、哪个民族都不能离开这些，这其中吃又排在首位。俄罗斯与中国有着巨大的饮食文化差异，随着中俄两国文化交流的不断深入，饮食文化也逐渐成为其中非常重要的组成部分之一。在马斯洛需求层次理论中，个人只有满足了吃喝住等基本生理需求后才会追寻其他更高层次的需求。所以在此次的调研中，我们通过调查分析发现俄罗斯人对中国饮食是认可的。

（二）安全需求满足情况

身处异国，无论是旅游还是养老，安全问题都是不容忽视的。在黑河，在大街上随处可见俄罗斯人，他们大多数是来购物旅游的，在我们所调查的几个地点中，商场、饭馆和旅店是他们常去的几个地方。他们与中国人相处得非常融洽。我们在和他们进行访谈的时候，在提及黑河治安及旅店居住环境问题时，他们表示在这里很舒心、很安全。

（三）医疗优势

身体健康是美满的老年生活的必要条件，但大多数老年人的身体或多或少会出现一些问题，如何治疗以及治疗地点的选择也是老年人要思考的问题。在此次调查中我们发现来黑河享受医疗保健服务是主要几个跨国居住的原因之一，在谈话过程中提及中国（黑河）的医疗，俄罗斯人表示很喜欢中医治疗（按摩、针灸等）。除此之外，大多数人比较喜欢到中国（黑河）来看牙医，对中国（黑河）的医疗水平及服务在总体上比较满意，也因此交了很多中国朋友。

（四）情感与归属的需求满足情况

老年人不仅仅需要满足生理和安全方面的需求，还希望得到他人的关心和照顾。在异国旅游或养老的过程中，情感与归属的需求会更加强烈，异国的友谊就显得尤为珍贵，可以使人在这里生活更有归属感。另外，积极地融入当地的人民的生活中也会使人心灵得到满足。

（五）验证假设

通过问卷调查分析，我们发现有70.4%的俄罗斯人能接受跨国养老的生活方式，并且有59.1%的俄罗斯人表示愿意来黑河养老。在个人因素中，个人的年龄、文化水平和身体状况不是影响俄罗斯人选择跨国养老的主要因素；在社会因素中，黑龙江对俄出台优惠的养老政策不是俄罗斯人选择跨国养老的主要因素；在经济因素中，有55.7%的俄罗斯人认为中国的物价比俄罗斯的物价要低，并且在中国日常生活的总支出和在俄罗斯日常生活的总支出有显著性差异，但经济因素不是影响俄罗斯人选择跨国养老的主要因素；在文化因素方面，通过分析发现，俄罗斯人对中国文化的认同会影响他们跨国养老的意愿。

（六）文化认同分析

1. 对饮食文化的认同

在对俄罗斯人吃中国菜的频率分析上，有57.1%的俄罗斯人选择每天都吃，从来不吃的只有2%。在黑河俄罗斯人聚居集中的地方，有几家针对俄罗斯人开的饭店，店里每天会有大批俄罗斯人来品尝中国特色美食。与饭店老板交流后得知，最受俄罗斯人欢迎的中国菜品有锅包肉、炸酱面、凉菜、饺子。但是，在是否会做中国菜的问题上，基本没有俄罗斯人会做，但是有20.4%的人会做饺子。在具有代表性的节日特色食物中，大部分人只了解饺子，而不知道粽子。所以，我们认为大部分俄罗斯人只是喜欢品尝中国的美食而并未深入到饮食背后的文化中。

2. 对休闲文化的认同

黑河当地的居民习惯于逛早市和夜市，也钟爱散步和跳广场舞。在我们的调查中，发现来此的俄罗斯人的生活方式和当地居民无明显差异，他们也习惯于逛早市，并且和商家进行讲价。

3. 对出行文化的认同

黑河的交通是很便利的，从公交车到出租车，以及最具有黑河特色的公共自行车。近年来，黑河与俄罗斯布拉格维申斯克市实现了公共自行车一卡通：在一个城市办理公共自行车卡，就可以在两地任何一个自行车站点存取车，大大方便了两市的居民。多种交通工具给人的出行提供了多种选择。我们在调查中发现，大多数俄罗斯人对黑河的交通是认可的。

4. 对中国文化的看法

问卷数据显示，有48.9%的俄罗斯人愿意和当地的中国人一起庆祝中国的传统节日，只有9.1%的俄罗斯人不愿意过中国节日。提到中国文化，他们认为中国文化源远流长，是很难深入全面了解的。对中国文化，不少人喜欢它所传承的孝道文化。在中国，年轻人很尊重老年人，但是在俄罗斯的某些地方，这种情况很少见。

文化作为一个城市的精神支撑体现在生活的方方面面，小到衣食住行，大到价值观念，这些都依托于文化而存在，因此在跨国养老的过程中，要更加注重两国文化方面的交流，拓宽俄罗斯人认识中国文化的窗口，使其更加深入了解中国文化。只有对当地的文化有足够的认同，才能适应当地的生活，这是跨国养老实现的前提。

二、存在问题及可行性建议

在访谈过程中，我们发现被访者无论是否会选择跨国养老，当我们问到是否了解或知道中国的"一带一路"时，都表示并不清楚。俄罗斯是"一带一路"建设的积极支持者、重要参与者和关键合作伙伴。因此，为了促进中俄两国关系的进一步友好发展，"一带一路"不应仅局限于俄罗斯的管理层，更应让更多的普通群众了解这一政策，从而进一步了解中国，发挥中俄边界友好贸易优势，促进中俄两国人民交流、养老。

在访谈过程中，我们发现被访者不愿来中国养老的主要原因是经济问题，尤其是养老金问题。虽然，在访谈过程中，所有的被访者都表达了自己对黑河的喜爱，还夸赞了黑河当地干净的生活环境、便利的交通、物美价廉的商品等。当然也有一些人直截了当地回答，自己不需要政府的养老金也能在中国生活得很好，但是这样的情况毕竟是少数。由于俄罗斯的生活方式以及教育模式与中国有很大的不同，他们不愿意与子女生活在一起。相对来说，退休金对俄罗斯的老人来说非常重要，尤其是在中俄边境生活的大多数居民，还是很需要政府的养老金作为生活的支撑。很多人对于跨国养老有什么待遇政策都不了解，比较担心国家会因为跨国养老的行为不再给他们发放养老金，所以即使发现适宜养老的异国城市依然会犹豫，转而选择旅居养老。

在访谈过程中，我们也发现，即使愿意来中国养老的俄罗斯老人，也很少有人会选择在中国定居，而更倾向于旅居式养老。看来，落叶归根、安土重迁的思想不仅仅只在中国有，这些老人虽然觉得黑河的朋友很友善，但大多数时间，却更喜欢在自己熟悉的环境中生活。虽然黑河的人大多都会说一些俄语，但沟通却仍然存在着障碍。这些俄罗斯老人会每年来黑河十几次，每次在这里居住十几天，却并不愿意在这里定居。当然，便利的交通以及政策的支持也为他们的旅居式养老提供了很大的便利。

综上所述，由于地区语言或者家庭因素的影响，更多的老年人偏向于旅居型养老。养老院也为俄罗斯老年人养老提供了舒适的环境，以及良好的医疗服务。但俄罗斯老年人在养老模式的选择上依旧更偏向于旅居型养老，而不愿在中国定居。

针对上述问题，我们提出以下四点可行性建议：

1. 加强"一带一路"的宣传。在中俄边境的城市，尤其是"一带一路"沿线的中国城市，当地政府应加大宣传力度，尤其是在外国友人常去的商场、酒店等地可通过电子荧幕的方式用俄语讲述"一带一路"的由来、内容、作用以及对中俄友好发展的影响。加强对当地市民的宣传教育，让"一带一路"真正为人所熟知，在其与俄罗斯友人的交流中，逐渐渗透"一带一路"，同时，也可借此展现出中国的魅力所在。

2. 大力发展旅居式养老产业。由于大多数人更倾向于旅居式养老的养老模式，中俄边境城市的养老相关产业应更加关注这一特点，打造出对俄的新型旅居养老的品牌。当然，也应注意发展中国特色的旅居养老模式，各地疗养院的建设在注重俄罗斯风情的同时，也要注重中国的本土特色，让前来居住的人有与在俄罗斯生活一样的感受的同时，能体会到具有中国特色的生活。

3. 加强对国内普通民众的素质教育。在访谈过程中，我们发现，很多俄罗斯人在中国交了自己的朋友。这也提醒我们，要不断加强对普通民众的素质教育，使其在日常生活中，尤其是在与外国友人的交流中能够时刻注意自己的言行举止，给人留下更好的印象，也可提高我国在国际上的口碑以及信誉，从而吸引更多的人来华养老。

4. 注重两国人民间的文化交流。中俄两国为相邻的友好国家，已经开展了以文化大集为代表的文化交流活动。在研究中发现，俄罗斯人民并不排斥与中国人共度新年以及其他中国传统节日，大部分人也愿意进一步了解中国文化。但在研究中却发现文化差异也是俄罗斯人不愿来中国养老的一个重要原因。因此，两国更应加强文化沟通，不仅是以文化大集的经济贸易为主，更应该加大对中俄文化普及的重视。

第二章 经济类

对实体书店创新经营模式的探究
——以济南、青岛为例

团队：山东财经大学书下沉香调研团队

团队成员：王金梦、刘玉、刘一璠、盛聪聪、王文响

指导教师：韦福林

时间：2017年

2007年至2014年，我国实体书店大约减少了1.5万家，传统的实体书店经营形势不容乐观，急需通过创新转型成为新型的实体书店来扭转行业颓势。十八大以来，党中央高度重视文化建设、全民阅读，并制定了免除部分税收等政策，从中央到地方政府都在进行切实的扶持。国家新闻出版广电总局和财政部自2013年开始实施实体书店扶持试点工作，2013年、2014年共安排资金2.09亿元，支持实体书店111家（次）；同时推出图书批发和零售免增值税等政策。在政府的政策支持、实体书店自我探索转型升级和国民文化需求提升的刺激下，2015年，我国实体书店出现回暖趋势。2016年，中宣部等十一部委联合发文支持实体书店发展，越来越多的新兴实体书店在全国各地落地发展。但由于书店是微利行业，很多城市发展、改造、规划等对书店

造成挤压，政府有限的扶持资金不足以解决大量的问题，目前来看实体书店经营仍存在许多困难。所以，发展实体书店，重点应在于探索书店行业的创新经营模式，从而对新形势下实体书店更好更快地发展提供借鉴意义。

本次调研，以山东京广传媒集团、阡陌书店、品聚书吧、方所书店、如是书店、西西弗书店、猫的天空之城书店、良友书坊为主调研地，实例分析新兴实体书店的创新之路。借鉴国内外独立书店的发展模式，总结我国广大实体书店谋求转型升级、摆脱生存危机的经验，探索出新形势下实体书店的创新经营模式。从经济、政治、文化层面对社会各界提出相关建议和现有问题的解决方法，对实体书店未来贯通城乡的格局提出措施建议，推动全民阅读和文化产业繁荣。

根据调研走访和查阅资料，我们将现有实体书店的创新经营模式分为以下三种：特色文化书店、多元复合型书店和产业链综合体。这三种基本经营模式都是区别于传统书店单一购书经营模式的现代新型商业业态，且以多元复合型书店为基础，以产业链综合体为骨干，以特色文化书店为补充的书店格局将是大势所趋。

总体上，制约实体书店发展的因素主要有以下几点：网络电商的发展凸显实体书店的局限性、客户群体的不断流失、房租等成本升高、商业模式陈旧导致书店市场落后产能过剩、合作商关系不稳定导致积压存货、国家相关政策扶持不足等。

一、实体书店的发展对策——国家政策扶持

对实体书店具有的正外部性，以及其对社会做出的贡献没有得到相应的补偿，市场在资源配置时出现失灵的情况，需要政府介入，采取相应的补偿措施以弥补实体书店的外部性损失，从而矫正私人成本

与社会成本、私人利益与社会利益的不均衡，调整实体书店与社会需求之间的差距。

当然，政府对实体书店的帮扶并不意味着无限的救助，而是帮助实体书店加快转型升级，为实体书店采用创新经营模式提供有利条件，使实体书店能在社会中创造应有的价值。

我国现阶段对实体书店的支持政策主要体现在财政补贴、政府资助、税收优惠上，并且政策的有效期有一定的时间限制，如惠及实体书店的增值税免征，其有效期也仅限于2014年至2017年。对实体书店的帮扶不应一曝十寒，而应是全方位、多层次、可持续的。

国外普遍在财政补贴、税收优惠、价格规范等方面对实体书店进行扶持，以营造和谐有序的市场环境。

二、对政府的相关建议

（一）选取合适的扶持对象

政府选择合理科学的扶持对象可以对市场产生引导作用，使得人们的预期可以得到预测，并按照政府标准提前谋划筹备、促进转型升级，以期获得政策的支持。

（二）加大文化产业专项资金扶持力度

政府加大专项资金扶持力度的同时，也要合理划分分配比例：对新华书店等骨干发行企业，在土地划拨和周边环境改造等方面给予扶持；在城市规划中，为有发展空间的实体书店提供土地、税收等方面的优惠政策；对进驻高校的书店，采购图书时给予一定优惠；对带动文化产业发展有突出贡献的优秀实体书店给予奖励。

（三）坚持文化便民理念，优化书店布局

积极建设农村、乡镇、社区基层书店，对设立在乡镇等基层的书

店政府提供税收优惠和补助；引导有条件和资质的实体书店加入到建设基层书店的队伍中来；在交通枢纽等重要区域提供图书阅览服务，设置自动售书机、售书点，真正做到文化便民。

（四）加强政策公平

位于北京市西城区的盛世情书店的范老板在接受采访时表示，免税政策对中小实体书店来说意义不是很大，对大型书店的意义可能大一些，中小型书店想要走出困境还要靠自己。实体书店扶持政策的制定应当体现社会公平，如今我们可以看到一些具有一定规模的大中型书店从增值税减免政策上获得了一定的好处，但是中小型书店并不能享受到优惠政策。因而，政策的制定要考虑公平问题，力求让行业内更多的微观个体都能受益。

同样，政策能否落到实处也很重要，要确保扶持政策执行的公开透明，做好实地调查与信息公开，防止暗箱操作等行为的发生；在国家相关政策要求出台后，地方政府也要根据当地的情况自主制定符合本地现状的政策，保证符合政策规定的实体书店都能获得实实在在的好处。

（五）引导国民阅读，培养阅读风气

国民阅读风气和阅读率对实体书店的生存发展无疑具有重要影响，因此国家如何积极地引导变得格外重要。现有的全民阅读活动虽然已经取得了一定的成效，但这还远远不够，政府需要积极创新引导方式。

（六）加强行业规范，维护行业生态

随着互联网的兴起，电商平台为了吸引流量，不惜投入巨资发起价格战，图书因成本相对较低，变成了价格战的首选，有一些实体书店也参与到其中，这对微利的图书行业无疑是雪上加霜。

我们应该明白暂时的、低层次的、旷日持久的电商价格战虽然会使消费者受益，但也会使企业没有更多的精力去关注深层次的服务竞争、品牌竞争、价值竞争，而无底线的价格最终将影响整个图书行业。

因此，应出台有效的政策限制作为商品的书籍的最低定价，规范网店的恶意价格战。如推出新书"限折令"，对新版图书固定销售价格，设定新版图书优惠销售最低价，对各类书店统一供货折扣，防止"书贱伤店"的情况发生。

三、未来实体书店发展趋势

（一）以大数据为支撑的"逆长尾理论"

长尾理论旨在为小众产品的人群服务，而"逆长尾理论"则以满足普通人的普遍需求切入，完全不考虑长尾需求。那么如何精准地把握读者们的普遍需求？这时候就需要利用大数据作为支撑。可以说，亚马逊在线下开办的实体书店就巧妙地利用了自身的优势，将20年来线上积累的消费者经大数据整合起来，找出最受消费者欢迎的书籍。书架上摆放的都是亚马逊平台评分超过4.8的书籍，这些书籍是通过以下几个标准筛选出来的：客户的星级评分、未上市图书的预售情况、图书销量排行、独立读书评论网站Goodreads上的图书推荐和评分以及亚马逊图书团队大数据。热门图书对于"问题驱动型"读者来说无疑是第一选择，而亚马逊所开的线下书店更是将这种"热门效应"放大到极致。这就是亚马逊书店和其他传统书店的区别之一，这也与未来大数据的趋势契合。

（二）跨地域大连锁

近几年，跨地域连锁实体书店在一二线城市发展迅速，我们耳熟能详的西西弗、言几又、中信书店、方所、先锋、猫的天空之城等书店几乎在人流量大的商场中都可以见到。连锁经营的优势也是不言而喻的，品牌优势对消费者形成黏性，有效地建立品牌与竞争者的差异性，在消费者心中占据一个重要位置；渠道优势使商品渠道向扁平化发展，大大降低了企业的成本；扩张优势体现在复制体系经验的积累，当复制的体系已经成熟后，连锁企业扩张速度便会不断加快，规模也会呈指数式增长；管理优势体现在连锁企业统一的管理标准，标准化的管理体系会大大地增加管理效率，从而有效降低成本。以上说的一切其实都可以归结为连锁的"规模效应"，可以预见，在未来，跨地域大连锁的实体书店不仅仅会出现在一二线城市，还会扩展到三线城市，甚至更广阔的市场，覆盖到每一座有人流的大型商场。

（三）多业态文化产业链式发展

在我们的实地调研中，青岛如是书店和山东京广传媒都是多业态产业链式发展的代表。以图书销售为中心，发展相关的品牌，如图书出版、艺术展览、手工制作中心、剧场、厨房、早教中心、文化商铺街、创客孵化……当实体书店具有一定规模和影响力时，链式发展不失为一种经营策略。多业态发展，着力于将书店打造成一个完善的体系，一个大型的文化综合体。

（四）文化空间的普遍化

我们可以看到现在较为先进的书店，有的与咖啡馆结合，有的与餐厅结合，还有的与面包房结合，但是不管与什么结合在一起，本质上都使得书店不再是纯粹的书店，而成为一个以书为主题的文化空间，要为读者创造美好体验，带领读者发现新价值。这个空间可以作为办公、聊天的场所，可以是搭建艺术展览的场地，可以是展示特色文创的窗口……在未来，书店消费将主要是非书的消费，这也是书店很大一部分的利润来源。有活力的文化空间为顾客提供非书的消费场所，更加注重顾客的体验，可以说不尝试这种变革的实体书店将很难在未来生存下去。

（五）特色主题书店

大型书城或是网络书店里的图书品种齐全，那么一家书店如果无法在图书的品种规模上与网店或大型书城竞争，而且在书店的同质化越来越严重的时候，如何才能吸引顾客？特色主题书店便是一个很好的解决办法。儿童、美食、旅行、书画、音乐、服饰、健身等都将是很好的主题，选定一个主题之后，垂直延伸，组合进各种与主题有关的服务，比如美食书店组合进美食鉴赏、食材和烹饪培训；音乐书店组合进音乐鉴赏、唱片和演出；健身书店组合进健身房和健身教练……这些结合在未来的"反同质化"的趋势下，无疑是实体书店的一个新形态。

（六）社区书店等新型书店的普及

随着文化便民的理念的推行，社区书店、自助售书机、流动书站等新形式的书店将越来越多地出现在公众的视野中。此类小型书店将满足大部分读者的需求，书籍将多为当下热门书籍或报纸杂志等，书目更新快、流动性强。

（七）书店融合城市文化，成为城市地标

在城市不断发展的今天，越来越多的书店成了城市的文化地标，如南京的先锋书店、北京的单向街书店等。未来书店在发展过程中，如何与当地的文化融合，拒绝简单复制，是每一位书店人要思考的问题。在书店的经营中体现城市风格、塑造公共空间、打造城市地标，在扩大书店自身影响力的同时，也将带动社会的发展。

（八）与科技创新结合，融入人们的生活

在科技不断发展的今天，创新类的技术和产品已不再是人们生活中的稀奇事。未来书店与科技创新结合，参与到改变人们生活方式的行动中来。例如在书店中设置浸入式文化体验，通过灯光、投影、声音等方式为读者提供书籍中的某一场景，令读者有身临其境的感觉；或是提升信息化水平，建立更加精确完备的大数据库，捕捉消费者需求，拓展业务。

网红经济下消费品牌的价值创造与传播

团队：广东工业大学

团队成员：周嘉丽、徐媛璐、张尹、褚嘉茵、曾楚蓝、罗浩旭、林怿洵

指导教师：奚菁

时间：2017年

根据《2017年中国互联网络发展状况统计报告》，截至2017年6月，中国网民的数量规模达到了7.51亿，互联网的普及率达到了54.3%，我国互联网正处于快速发展阶段。在互联网浪潮的推动下，网红经济应运而生，涌现了一大批网红消费品牌。N小时的鲍师傅、喜茶、一点点……我们不禁要问这些品牌为什么会红呢？另一方面，受互联网信息更新流通速度快等特点的影响，不少网红消费品牌存活周期极其短，"红不过三年"成为许多网红消费品牌的噩梦，昔日走红的网红消费品牌如雕爷牛腩、乌云冰淇淋等在三年的检验期后慢慢退出了公众的热点视野。网红消费品牌如何在市场高度不确定的环境下，保持自己的"发光发热"，从短暂的网红过渡到持续稳定的热销是诸多品牌的头等问题。

基于此，本次调研以广东省内五大网红餐饮品牌为例，重点探究2017年网红餐饮品牌中最为热门的网红茶饮品牌——喜茶，同时以禄鼎记、陈添记、摩打食堂、点都德作为对比参照组，旨在通过分析五大网红消费品牌的价值创造与传播，归纳提炼出网红消费品牌可持续发展道路的有效途径。

大部分受访者对喜茶的口味、店铺装修、产品包装设计和服务都是满意的。但是受访者对产品的"营养价值"这一选项评分较低，远低于平均分。受访者对购买喜茶需要付出较高的时间成本感到认同。过长的排队时间使得部分消费者不愿意再去购买喜茶。由于排队造成的消费者所付出的时间成本、精力成本等顾客总成本的增加，会导致喜茶为消费者提供的顾客价值降低，进而也会使顾客对喜茶的客户忠诚度下降。

为进一步提出网红消费品牌可持续发展的有效途径，我们对调研案例的五家网红消费品牌进行了整体热度指数和微信指数分析，通过分析它们各自热点指数峰值背后的原因，总结切实有效的网红消费品牌可持续发展途径。

通过数据整理我们发现，禄鼎记微信指数峰值的出现与其官方营销号发布的与其他品牌跨界合作活动有关。禄鼎记的创始人华明坚持把"潮"文化融入禄鼎记的血液当中，多次强调无边界的概念。与五星级酒店W合作"交换"菜式，与球鞋潮店XH55联名合作鞋……这些丰富有趣的品牌跨界合作活动可以说赚足了消费者的眼球，突破了餐饮品牌单一的定位，自然而然地使禄鼎记轻松上热搜。与潮牌合作搞活动以及推出的合作限量款，对于当代年轻消费群体具有不可抗拒的吸引力，一方面购买相关产品可以彰显他们的个性、态度和品位，参与相关活动可以结识志趣相投的人；另一方面，拥有合作限量款极大地满足了他们的虚荣心。

除此之外,我们还发现禄鼎记的品牌价值与创造传播紧扣市场需求。禄鼎记的核心品牌理念是"油,我们只用一次",而这个理念正符合了消费者对于餐饮品牌最基本的要求——食品安全。2012年中国十大热搜词词首是"地沟油",而禄鼎记的核心理念迎合了市场的需求,使其能够在火锅店中持续走红,培养了一批批忠诚的回头客。

相较于其他网红餐饮品牌,陈添记的热搜程度较低,但在2015年的12月和2017年的4月陈添记的热搜度出现了峰值,这不得不提陈添记的关店危机。2015年12月,陈添记老板明叔考虑到自己的身体问题和女儿不愿意继承,欲关掉店铺,于是广州各大媒体争相报道。而在2017年4月,老板女儿接手陈添记,带来新一轮热搜。

陈添记作为广州西关老字号,以爽滑可口的鱼皮征服了广州老饕,深受街坊喜爱,有着一批批稳定的忠实食客,但其口碑宣传辐射面是十分有限的。通过平面转播和网络传播,关店危机和接手老字号的新闻使得陈添记瞬时拥有了大批关注者。而陈添记也意识到了立体媒体传播的重要性,开始在微信、微博等自媒体,以及电视节目等进行品牌宣传。在实地调研中,我们发现陈添记在2017年4月之后有了不少变化,比如门店面积扩大,店内重新装修更加舒适整洁,开始聘请非家族成员协助打理店铺。

陈添记主打情怀,运用西关、老字号等关键词进行品牌传播,这种"走心"的传播方式深受当代消费者的喜爱。"情怀"品牌的构建,使消费者不由自主地产生一种先导意识:老字号不容易,我们要给予好评,给予支持,并且对品牌产品有更大的包容度。

在品牌价值创造和传播途径上,点都德通过与义工组织合作公益活动来实现自己的品牌价值构建和传播。在点都德热度指数图中峰值点体现了点都德公益活动发布后,其微信热度有了明显的提升。

除了热衷于公益,点都德作为近年老字号复兴的典范,在品牌建设方面也特别强调传统文化的传承与广府文化的弘扬。相比其他老字号,如莲香楼、广州酒家,点都德显得更加平民化,更加多样性。传统点心与新式烹饪方法的结合也使得点都德店内坐着不少年轻的面孔。市民王先生告诉我们说,他在招待外地朋友时都会选择带他们来点都德喝茶。因为点都德的装修风格极具岭南特色,其茶点也比较精致可口,传统的茶具能让外地的朋友感受广府茶文化,并且价格也经济实惠,还有停车位,所以点都德成了他不二的选择。

相较于其他四个品牌的品牌热点指数峰值出现原因,摩打食堂热点指数峰值的出现是负面信息。2016年9月,多名食客在摩打食堂就餐后出现腹泻呕吐的现象,该负面新闻一出,摩打食堂立即被推上风口浪尖,且热度维持了较长的时间。在这一事件发生后,摩打食堂立马做出回应,良好的公关,诚恳的态度(为避免类似事件再发生,不再使用生鸡蛋),及时的行动(跟踪、赔付生病食客医疗费用、误工费用)得到了消费者们的认可。在面临网红餐饮品牌常出现的食品安全危机之时,摩打食堂没有慌乱,凭借着对自己产品安全的信心,配合调查,高透明度地公开后厨房,及时恰当地化解了品牌开业以来的最大危机,力挽狂澜般地打响了摩打的知名度,销售额也在事件发生之后两个月回升甚至超过原有水平。

摩打食堂主打赤炎盖饭系列,店内员工会现场拿小火枪炙烤,这极大地满足了年轻食客们"手机先吃"的需求。无论是动态图片还是静态摆拍,摩打食堂在摆盘设计上得到了消费者们的一致好评。口味方面,台式便当与日式炙烤海产的大胆结合刺激了消费者的新味蕾体验;价格方面,较之其他日本料理餐厅,摩打的分量大且价格实惠,深受学生党的追捧。

调研发现

网红餐饮品牌是通过互联网、社交媒体进行品牌价值构建和产品营销，在短时间内获得大量关注的餐饮行业的品牌，体现了迈克尔·戈德海伯（Michael H. Goldhaber）提出的"注意力经济[①]"（又称眼球经济）。近年来网红餐饮品牌层出不穷，但许多网红消费品牌都在重复着"一年红火，两年稳中有降，三年就撑不下去"的规律。我们结合本次调研中消费者的访谈记录，并通过对网红消费品牌的内外部影响因素进行分析，试图找出其难以逃脱"红不过三年"命运的原因。

1. 主体消费人群特征

网红餐饮品牌的主要消费群体为14岁到35岁之间的年轻消费者，这类群体追求时尚、新鲜感，并且他们的消费力正以年均14%的速度增长，具有强大的消费能力和消费潜力。稀、奇、美是现在网红餐饮品牌常用的手段，饥饿营销的方式驱使大量年轻人排队购买，从而达到二次推广；口味独特或新奇以满足年轻人求异、猎奇的心理；店内装修有格调，产品设计美观以满足年轻人对时尚、美、自拍等需求。

网红餐饮品牌借助新媒体的手段，吸引这类消费人群的注意力从而获得经济收益。这群年轻的消费者充满活力，自愿并主动通过网络平台进行品牌口碑宣传分享，这使网红消费品牌的品牌价值构建与传播成本非常低，但短期之内获益可观。

---

① 注意力经济是指企业最大限度地吸引用户或消费者的注意力，通过培养潜在的消费群体，以期获得最大的未来商业利益的经济模式。

2. 存在心理落差，创新不足

年轻消费群体追求时尚、新潮的特点体现了该主体消费人群的高度不确定性和低忠诚度。当网红餐饮品牌过度营销，其产品无法满足年轻消费群体的心理期待或者需付出的时间、精力以及金钱等有形和无形的资本过高时，网红们就马上会被无情地抛弃，"键盘侠"也会开始宣传网红们的负面信息。此外，当网红消费品牌的产品本身不能及时创新，推出吸引注意力的卖点，新鲜感一旦过去就无法维持并逐渐失去主体消费人群。

3. 产品可复制性强

目前，网红餐饮品牌面临的最大的挑战就是产品、经营模式易被竞争对手抄袭和模仿，许多网红消费品牌就是由于缺乏核心的、难以被复制模仿的竞争力和特色，而被迫一步步走向衰亡。市场管理规范的灰色地带，山寨文化的盛行和版权意识的薄弱等因素也是"杀"死网红们不可忽视的原因。

小结

通过对上述五大网红餐饮品牌热度指数的分析，我们总结了它们品牌价值创造和传播的有效途径的共性和个性，提炼出以下几条网红消费品牌价值创造和传播，以及可持续发展的参考建议。

1. 建立独特的品牌文化

喜茶的更名事件给网红消费品牌们敲醒了警钟，品牌版权意识应该得到重视，网红消费品牌应运用法律武器维护自己的权益，维护品牌形象。

此外，无论是禄鼎记的"潮文化×广式川菜"，还是喜茶的"灵感×芝士茶"，网红消费品牌应该建立自己独特的品牌文化，这样才能在诸多山寨仿冒者中提高自己的辨识度，维系顾客群。在调研中，当被问及如何理解喜茶的理念——"一杯喜茶，激发一份灵感"时，许多消费者表示喝喜茶联想到了什么就是什么了。市民林女士说当她喝到桃桃的时候，有一种初恋的感觉，这与喜茶官方营销号对桃桃的推文主题不谋而合。喜茶的品牌文化很好地传播给了消费者，有助于提高顾客忠诚度，塑造品牌形象。这启示其他网红消费品牌，要做大做强，必须稳固根基，建设自己独特的品牌文化，拥有自己的稳定顾客人群。

2. 保持出品质量，维系口碑

不少网红消费品牌的没落是源于消费者"物非所值"的体验，因此网红消费品牌要想可持续地稳步发展，必须要拥有使消费者感到"物有所值"甚至"物超所值"的产品。在上述分析的五家网红餐饮品牌的主打产品中，如陈添记的鱼皮，禄鼎记的酸菜鱼，摩打食堂的炙烤盖饭，点都德的叉烧包，喜茶的芝士奶茶、奶盖茶皆有所体现。餐饮行业同质化竞争激烈，要想屹立于市场之林，必须要用最核心的产品"说话"，让消费者主动并自愿为其宣传。网红餐饮品牌应把中心放在食物的口感上，保证出品质量，维系口碑之余，进行包装宣传。只有满足了人们"口感"方面的需求，消费者才会更加注重品牌的体验和感受，及其带来的情感上的愉悦；才会诱发消费者对品牌忠诚度的提升以及将来持续消费的动力。当产品不再仅仅是产品，而是使用价值、情感价值、社会价值的有机统一，网红消费品牌在可持续发展的道路上就拥有了一块敲门砖。

3. 利用新媒体传播

通过上述五家网红消费品牌热度指数分析，我们不难发现，在运用新媒体进行品牌传播之后，品牌的热度、知名度有了较大的提升。

尤其是陈添记和点都德这两大老字号品牌。这启示老字号品牌应合理利用新媒体传播，追赶互联网经济潮流，通过网络扩大自己品牌的知名度与影响力，给老品牌注入新血液。

4. 联系热点话题

随着网红经济的发展，自媒体的力量也不容小觑。在热点指数分析与访谈中，我们发现自媒体大V、百万粉丝公众号等的宣传效果十分显著，这种"口碑宣传"在未来很长一段时间将成为网红消费品牌传播的有效途径。同时，联系热点话题也是网红消费品牌可持续发展的有效途径。如点都德注重公益活动，既为社会付出了一份力量，也很好地进行了品牌价值传播，树立良好的品牌社会形象。联系社会热点话题需要与品牌文化相结合，进行正面的宣传。

5. 打造专业的运营团队

网红经济下，网红消费品牌价值创造与传播离不开热度与宣传。摩打食堂在出现食品安全危机后，不仅及时恰当地处理挽回了品牌形象，还借此进行了品牌传播。而喜茶则于2017年3月建立了自己的运营团队，其可爱的插画、小清新的文案立马虏获了一大批网友、微信用户的芳心。网红消费品牌的可持续发展不可脱离网红经济的基础。网红消费品牌的主体消费人群具有高度不确定性，因此需要一支专业的运营团队帮助其根据品牌定位维护品牌形象，维系客户忠诚度。

"机器代人"推动珠三角产业升级的现状、问题与对策调研

团队：中山大学机智队
团队成员：周钰荃、陈健、陈子琦、吴金京、颜淼
指导教师：李郇
时间：2017年

近年来，随着我国现代信息技术和自动化技术的不断发展，机器人正逐步进入工厂，成为新型劳动力，不少企业也开始尝试"机器代人"。在此背景下，珠三角不少企业纷纷加入"机器代人"的浪潮，各地政府也坚持"市场主导，政府引导"的方针，推动智能制造产业发展，并且通过"机器代人"专项资金资助等方式，对相关企业进行扶持。

为响应《广东省智能制造发展规划（2015—2025年）》，珠三角各大城市积极推动机器代人与智能制造的发展，其中广州、深圳、东莞、佛山四市在建设智能装备产业基地、实施智能制造试点示范工程等方面，处于较为领先的地位。

本文将对珠三角的"机器代人"现状进行调研分析，并对当前出现的问题及对策进行了探究，积极寻求通过"机器代人"推动产业升

级的途径,为珠三角地区的经济发展提供一定的建议与对策。

我们调研小组收集了近五年珠三角各市的制造业从业人员数据,并运用ArcGIS空间分析软件进行了分析。可以看出,近五年来,广州制造业的就业人员减少最多,而东莞市的制造业从业人数增长最为显著,深圳市、佛山市次之;同时从珠三角各大城市2015年的在岗人员数据可以看出,东莞、深圳以及佛山的制造业人员人数最多。

制造业从业人数与该城市制造业的发展息息相关,制造业人数的巨变可以反映当地制造业发展的兴衰转变。为探究珠三角机器代人推动珠三角产业升级的现状与问题,我们选择了制造业发达、面临困难且正在积极推动"机器代人"的广州、深圳、东莞和佛山四市进行实地调研。

珠三角近年来的经济增长率不断下降,究其原因,珠三角的劳动力、土地成本、环境约束都在不断上升,人口红利正在消退,以劳动密集型产业为主的珠三角难以承受这种压力,珠三角产业的转型升级迫在眉睫。为了摆脱困境,珠三角目前正在积极进行产业升级。由高技术含量、高附加价值的产业代替低技术含量、低附加值的产业;在产业既定的生产链条上,通过资本和技术代替劳动,大幅度提高技术含量和劳动生产率。

珠三角产业升级面临的问题

2008年的国际金融危机导致出口受阻,对珠三角产业造成了巨大冲击,引发珠三角地区以东莞为典型的一些劳动密集型加工贸易企业倒闭。外部需求急剧收缩的表象之下,是外向型劳动密集型产业在新形势下不可避免的发展困境。

1. 产业发展粗放,产品附加值不高

改革开放后,珠三角利用国内廉价劳动力、土地、资源、环境的优势，大力发展"三来一补"出口加工业。这类产业大多处于国际产业链和价值链的低端，产品技术含量不高，中间消耗价值大，附加值低，利润空间小，工业规模大，消耗能源和材料多，却难以带来相应的工业增加值；珠三角以外源型经济为主导，"三资"企业所占比重（工业总产值和增加值率）大，其中以加工企业为主，珠三角地区的低成本优势成为企业扩大生产的动力，而技术创新动力明显不足。

随着人口、土地等劳动力成本的提高，各种要素投入的获利空间将受到进一步挤压，粗放发展模式的经济逐渐走到尽头。

2. 劳动力成本上涨，结构性劳动力短缺

人力成本上升的同时出现了劳动力短缺的境况，严重困扰珠三角制造业发展。近年来珠三角的最低工资出现了翻倍甚至三倍的增长，这使珠三角经济发展陷入成本制约困境。2010年，新《劳动合同法》实施，赋予了进城务工人员更多的社会福利保障，企业在加班津贴、社保、医保等领域要承担的成本陡然增加，降低了中小企业的盈利能力。然而，高工资并未能为企业带来充足的劳动力。2010年至2014年，每年珠三角地区中小企业用工缺口超过100万人。农村可供给劳动力下降，劳动力不断回流，劳动力短缺已是不争的事实。特别是随着不少大型代工企业向内地和国外迁移，技术工人也大举迁移，更加剧了珠三角中小企业的用工压力。

3. 土地资源紧张，能源环境问题突出

土地、能源和环境压力不断增大。珠三角地区快速粗放的城镇化使得深圳、东莞等城市可供开发的建设用地极其稀缺，地价不断上涨；广东是能源稀缺省份，煤炭、石油、天然气对外依赖性强，能源价格的持续攀升不断挤占企业的利润；依靠"三来一补"产业实现工业化起步的珠三角，高污染行业占比较大，对资源环境破坏性大。环保成本日益上升，资源环境枯竭成为粗放型产业经济增长的瓶颈。

4. 技术创新能力弱，自主研发投入不足

传统劳动密集型净额以及外源性的加工出口模式发展路径决定了珠三角一些企业的自主研发和科技创新投入弱。加之企业位于国际产业链和价值链的低端，产品高附加值的核心技术依赖进口，而技术基本掌握在产业链上游的国家和地区。由于缺乏核心技术，导致传统产业集群中的知识技术溢出效应较弱，本土企业难以掌握主动权，创新能力较弱，高新技术产业发展受限。

企业用于技术研发的投入也严重不足。由于生产环境的核心技术由外资掌控，且本土企业多以民营小企业为主，在技术创新、自主研发的投入上存在资金、技术、管理等方面的短板。

5. 地区性政策差异消失，比较优势日趋弱化

珠三角利用毗邻港澳的区位优势，充分发挥珠三角土地和劳动力资源丰富、市场广阔的优势，最早承接了国际资本、技术和产业的转移，引进了加工制造业，推进了农村城市化，在改革开放中先行一步，呈现出强劲的增长动力。

进入21世纪，随着改革开放的全面铺开，长三角经济圈、环渤海经济圈等其他地区的体制创新、技术创新和区域资源整合步伐加快，珠三角地区性的政策差异消失殆尽，先发优势不再明显。人民币升值加重了出口企业的负担，大幅增加了珠三角地区出口型企业的成本，企业的利润空间被国外竞争对手挤占和压缩。与此同时，资源环境承载力不断告急，成本节节攀升，传统制造业难以为继，而新兴制造业又基础薄弱。

珠三角产业经济发展困难重重，人口、土地等要素驱动不可持续，根本原因在于地区产业处在全球价值链的低端位置，战略位置和

战略环节被发达国家企业所占据，导致其严重依赖于国际需求和跨国公司主导的价值链，因此寻求珠三角传统产业转型和产业结构升级的道路就显得至关重要。

金融危机爆发后，珠三角通过建立"倒逼机制"来实现产业转型升级，实施"三促进一保持"和产业、劳动力"双转移"，对珠三角及东西两翼及粤北地区产业升级转移产生了重大的影响。同时，为应对结构性劳动力短缺和技术驱动不足的危机，以"机器代人"为代表的自动化技术改造也被应用于推动传统制造业转型升级。

案例地选择原因及调研企业或部门

城市	选择原因	企业或部门
广州	提出《广州制造2025战略规划》——智能装备和机器人、节能和新能源汽车、生物医药与健康等十大领域被重点列出，计划培育和发展十大先进制造业产业集群	广州数控设备有限公司
		卡尔蔡司光学科技（广州）有限公司
东莞	享有"世界工厂"的美誉，率先开启"机器代人"。以松山湖国家高新技术开发区为核心区，以新型研发机构为支撑的国家智能制造示范基地	东莞市经济和信息化局
		松山湖高新技术产业开发区
		东莞市规划局
		翔通光电技术有限公司
		佳骏电子科技有限公司
佛山	珠三角制造业发展后起之秀，始终视制造业为"根"。中德工业服务园区和智能制造示范基地，重点发展数控成套加工装备、增材制造设备等	美的集团厨房事业部
		广东智能制造示范中心
深圳	深圳高新技术企业云集，信息技术产业发达。将成为国内领先、世界知名的机器人、可穿戴设备和智能装备产业制造基地、创新基地、服务基地和国际合作基地	富士康科技集团

"机器代人"推动产业升级问题总结

1. 企业：机器人的引进、使用是对企业的全面挑战

通过机器代人降低企业的生产成本，进而实现产业的转型升级是珠三角企业的普遍需求。但是引进机器人需要首先投入一定的成本，而收回购买机器人的成本需要一定的周期，这就为企业进行"机器代人"设置了门槛，部分企业有"机器代人"的需求，却遇到资金上的难题。

据调研了解，企业引进机器人需要几十万到几百万不等的资金，而引进机器人后需要对生产线进行相应的改造，又需要投入一定的成本，后续还需要对机器人进行维护和管理等。因此，对于中小型企业而言，引进机器人的成本是较为高昂的，需要向政府寻求资金帮助。

目前，珠三角各市政府支持企业进行"机器代人"，也提供一定程度的资金帮助，但是引进机器人的成本仍然是政府和企业的共同压力，尤其在进口机器人占据机器人市场优势的情况下。

2. 机器人制造：关键技术依赖进口，研发存在制约瓶颈

我们调研发现，企业更多选择国外生产的机器人来完成生产过程中技术要求较高的环节，原因是进口机器人相对于国产机器人，其加工精度更高、误差更小。

以东莞为例，2015年，东莞的工业机器人产值达到15亿元，其中系统集成环节占65.5%，本体研发应用占30.9%，而最为关键的核心零部件研发只占3.6%。国内的机器人生产，优势集中在技术含量最低、利润最低的集成环节，而占据机器人生产最大利润的核心零部件研发环节却是国内机器人生产最为薄弱的环节。机器人产业的产值结构和利润构成形成"倒挂"，造成国内机器人生产利润的流出。

在机器代人引领的产业升级浪潮中，没有掌握产业的核心生产技

术,则珠三角仍然从事的是相对低端的制造工作,没能完成从制造到"智造"的转型升级。

3. 技术升级:缺少核心专业人才

机器人的研发与生产需要大量掌握高技术的人才,然而珠三角目前的核心技术人才缺口仍然很大。缺少了掌握机器人制造的核心技术的人才,珠三角在新一轮的产业竞争中难以占据有利位置。

而产业进行机器代人的过程中,主要代替没有掌握新技术的普通工人,同时也需要掌握机器人的使用和维护技术的技术人员,因而产生了一批新的技术岗位。为了适应产业的转型升级,从事生产的工作人员也应该升级自身的技能。

然而一方面大部分原本从事低技术含量工作的人员出现转型困难的问题,另一方面进行了产业升级的企业缺乏掌握新技术的创新人员,珠三角产业转型升级的用工方面出现两难的局面,出现新的"用工荒"。

4. 政府:仍需进一步加大"机器代人"的推动力度

由于购买机器人的高昂成本是大部分企业难以独立承担的,且后续还有改进生产线、维护机器人等费用,所以政府相应的财政、政策支持对于企业进行转型升级是重要的帮助。

广东作为制造业大省,珠三角更是全球制造基地,企业众多,但技术、人才基础并非顶尖,因此,珠三角产业进行转型升级不是一日之功,而是一个长期渐进的过程。这就对珠三角的政府和企业都提出了长期坚持的挑战。

机器代人推动产业升级对策提出

珠三角传统外源性产业粗放、产业结构不合理等问题的爆发是推动珠三角产业转型升级的内因,同时全球需求和生产的转变引起的全球价值链调整是推动珠三角产业升级转型的外在动力。珠三角在产业转型升级的过程中存在不少困境，而其根本瓶颈则是产业链处于全球价值链的低端。本调研结合珠三角产业升级面对的现实问题，试提出以下对策和建议。

1. 企业制定"机器代人"行动计划，完善激励制度

由于珠三角的"机器代人"起步不久，珠三角的政府和企业对于"机器代人"都处于探索的阶段，缺少科学的计划指引，"机器代人"还没有发挥最大的整体效用。

为了能够更好地进行"机器代人"，企业可以向政府寻求合理的援助，通过税收减免、贷款保障等优惠政策推动企业生产线的升级改造。但同时，企业应该利用好资源，制订合理高效的行动计划，积极将机器人融入企业的生产线，使机器人发挥最大效用。

通过执行行动计划，同时完善对企业的激励制度，有助于"机器代人"企业整体上得到大于各自加和的效益。政府可以通过对"机器代人"成效好的企业进行奖励，从而激发企业积极进行"机器代人"，提高产能的动力。

2. 政府需进一步加大投入，推动"机器代人"

调研发现，企业进行"机器代人"、产业进行转型升级的进程与政府的支持力度密切相关。而政府给予企业的支持包括了财政和政策两个方面。

政府给予进行"机器代人"的企业一定的资金支持，能够直接帮助企业购进机器人、升级生产链，减缓企业购进机器的资金压力的同时，也能相应缩短企业升级生产链的回本周期。

除了直接给予企业资金支持，政府还可以给予企业政策上的优惠。例如土地税收优惠政策、引导建设产业园形成产业集群等。

同时应该加强对政府的考评制度，评价政府对"机器代人"的推进力度和推进成效，鼓励政企高效合作。

3. 提高本土企业创新能力，掌握"智造"核心技术

在"机器代人"的浪潮中，珠三角企业需要完成的不只是提高生产力、升级产业链的任务，更应该以"机器代人"为契机，掌握智能核心技术，抢占价值链高端环节并扩大市场占有份额。

可以制定优惠政策吸引外资企业在珠三角地区设立研发设计机构，鼓励产学研合作来不断提供企业研发创新能力。同时珠三角核心城市应大力发展营销、研发等总部经济，集中优势资源向价值链的高端环节攀升，推动传统产业的技术升级、产品升级与模式创新，实现传统产业和新兴产业的融合发展，能够持续激发传统产业的发展活力，充分发挥现有制造业的基础优势，形成传统产业与新兴产业协调发展的良性循环。

4. 加大人才的吸引及培养力度

鼓励有条件的大型企业建立研发机构进行创新，不断提高科技资源的使用效率，加快科技成果向产业转化的速度，从而提高产业的生产能力和效率。加快技术市场建设，推动科研开发与生产的有效结合，实现技术创新与产业结构升级的对接。

同时，珠三角企业想要在"机器代人"浪潮中取得优势，需要大批掌握相关高技术的人才。珠三角想要吸引人才，除了政府、企业给予人才优待，还应该全面重视科技研发工作，重视研发投入，营造创新与科研的环境。

珠三角进行"机器代人"，应该生产、学习、研究三者并行，才能吸引人才、留住人才，产生吸引并培养人才的正向反馈机制，在新一轮的产业竞争中，从根本上提高珠三角的竞争力。

人工智能环境下，对无人经济的研究

团队：厦门大学

团队成员：范晖翔、杜冠兵、袁自阳、李君玉、傅懿飞、周晓岩、金沐阳

指导教师：周永强

时间：2018年

无人经济，指所有表面无人力服务，或以人工智能（AI）替代人力工作的经济模式。自2016年12月亚马逊Amazon Go线下超市推出内测以来，无人超市、无人便利店、无人驾驶汽车等各种无人经济体不断涌现，以AI为技术核心的无人经济逐渐进入人们的视野。

无人经济并不是近两年才出现的概念，自动售货机、开放式无人货架等形式均属于无人经济的范畴。这些传统的无人经济以小区域化、商品成本低、流程简单为特点，难以满足消费者个性化的需求，或依靠顾客的诚信来维系经营，亏损乃至破产的现象时有发生。

随着科技的发展，人工智能将成为解决传统无人经济难题的方案之一，通过人像识别、商品识别、无感支付等技术，以减少盗窃发生率，扩大经营范围，满足个性化需求。但由于资金、技术、监管等多

方面的问题，无人便利店关门、无人驾驶汽车发生车祸等新闻频出。人们对免密支付的不信任与对信息泄露的担忧，又为无人经济的未来蒙上阴影。尽管争议不断，科学技术的发展、劳动力成本的上升、个性化需求的增加仍为发展无人经济奠定基础。研究AI无人经济，把握其发展趋势及其规律，总结出AI环境下，无人经济的困境的解决方案，为推进"互联网＋"时代的建设提出可行性建议，是抓住未来经济发展方向的关键。

新常态下，AI发展现状

2017年7月20日，国务院印发了《新一代人工智能发展规划》。在规划中，我国AI发展分三步走：第一步，到2020年人工智能总体技术和应用与世界先进水平同步，人工智能产业成为新的重要经济增长点，人工智能技术应用成为改善民生的新途径，有力支撑进入创新型国家行列和实现全面建成小康社会的奋斗目标。第二步，到2025年人工智能基础理论实现重大突破，部分技术与应用达到世界领先水平，人工智能成为带动我国产业升级和经济转型的主要动力，智能社会建设取得积极进展。第三步，到2030年人工智能理论、技术与应用总体达到世界领先水平，成为世界主要人工智能创新中心，智能经济、智能社会取得明显成效，为跻身创新型国家前列和经济强国奠定重要基础。

同年12月，工信部发布了《促进新一代人工智能产业发展三年行动计划（2018—2020年）》，它作为对7月发布的《新一代人工智能发展规划》的补充，详细规划了人工智能在未来三年的重点发展方向和目标，每个方向的目标都做了非常细致的量化，足以看出国家对人工智能产业化的重视。

早在2015年《中国智造2025》中就提出推动工业进一步智能化发展，而"互联网＋"倡议推动着人工智能在家居、医疗、汽车、机器人等领域发挥革命性作用。2016年，"人工智能"被写进了"十三五"规划纲要，国家提出2020机器人发展计划，争取生产自主品牌机器人10万台，推出了"互联网＋"人工智能创新资源平台，在"十三五"国家科技创新发展规划中，还将人工智能的发展列为发展重点，"人工智能"一词被写进十九大报告中，将推动人工智能、大数据和互联网深度融合发展。基于此，我们有理由认为，现阶段我国人工智能发展，拥有了较好的政策环境。

2018年7月30日，团队前往上海氪信科技公司，围绕AI的技术现状，其在金融领域的应用，以及AI企业的发展现状与前景等问题进行采访。通过采访，我们认识到，"AI＋金融"的发展必然导致银行业的变革，例如机器代替人工，柜员将不再是必需，推动无人银行的发展，从而印证人工智能可能会造成传统金融业从业者失业的局面。

以小见大，我队对AI发展之势不可阻挡深有感触，AI是高精尖深的技术的代表，但是它又可以深入到我们每个人的生活之中，人脸识别、语音识别、指纹识别、QQ的智能小冰等都是我们每天触手可及、开机便用的人工智能技术，此外，"AI＋"企业还帮助了传统银行实现智能风控，避免了几亿元的损失，还帮助公司建立智能客服，提供智能决策，大大地节省了人力、财力、物力。而对于从业者来说，人工智能促使从业者们提升自我素质，以对抗失业的风险。而AI在金融行业的应用也面临着缺乏对非结构化数据的挖掘能力，金融服务人群下沉，金融市场、客户行为瞬息万变等挑战。

目前，AI企业发展前景广阔并且商业化落地进程加快。在深度学习领域，不断拓展，还未出现天花板现象，语音识别、智能家居、无人驾驶、智能音箱等成为热点。就氪信科技公司而言，其商业化落地的初创产品为智能风控方面产品，之后又将产品拓展到了智能营销和智能客服，加大了商业利用性质。由此可见，AI技术在商用领域大展身手。

在无人经济领域，人工智能是发展无人经济的手段，为无人经济更好地发展提供了技术支持，使得一些更为复杂的人的活动，有可能被机器替代。

其实在没有AI技术加持的情况下，无人经济也有一定的发展。诚信经营（无人售货，完全靠消费者自行投币付款）就是其中的典型代表，但它是基于人们素质的提升，仍然存在大量的弊端无法解决。近年来，AI的迅速发展使得诸如诚信经营这种无人经济模式的弊端得到了改善。

而无人驾驶技术，则是AI技术目前最顶尖的应用之一。在无人驾驶中，需要使用的AI技术有环境感知，这是计算机视觉领域的研究重点；标识识别，包括车道识别、交通标志识别（比如红绿灯）、车辆行人识别和运动跟踪，在这里，CNN技术成了目前最好的技术。

无人经济尚未大规模普及的今天，普通消费者对无人经济的看法

近年来，无人经济发展迅速，无人超市、无人便利店、无人面馆、无人驾驶汽车、无人书店……各种无人经济体不断出现，似乎所有的一切都能被贴上"无人"的标签。

通过研究我们小组收集到的资料，我们发现，无人经济的发展基本只集中于北京、上海、杭州几个城市。作为最早的改革开放特区——厦门，也只有无人驾驶汽车进行试验的信息。无人经济的普及率仍然很低。与此同时，网络上充斥着大量与无人经济有关的虚假报道，似乎每个人都看好无人经济，似乎无人经济的发展毫无壁垒。

不可否认，无人经济的发展确实会带来技术的爆发、经济的增长。然而，任何事物的发展都有两面性，如果不能准确把握经济发展的命脉，无人经济将会被扼杀在摇篮之中。

通过发放调查问卷，我们获得了有关无人经济的一手数据，了解了普通消费者对于无人经济的看法。通过定量和定性研究，分析影响消费者使用或投资无人经济的主要因素，推测无人经济在未来的发展空间与发展前景，促使无人经济健康发展。

厦门作为中国著名的旅游城市，每日都吸引了大量的游客，游客来自四面八方，涵盖各阶层，可以满足多样性的要求。我们选取了游客较多的中山路、中华城进行实地调研，在调研过程中，随机选取受访对象进行数据收集。同时，分成4个小组，分布于调研地点的不同方位，并在调研时随机活动，使得受访对象更加随机。调研计划发放300份问卷，实际发放并回收问卷232份，其中有效数据180份，数据完整问卷93份。

从调研数据中，我们可以得到以下初步结论：

首先，关注无人经济发展的人数比例较低，只有1/4的消费者关注无人经济的发展。原因可能有以下几个方面：现阶段24小时便利店、大型超市、网购已经能满足人们日常生活的需要；高铁、飞机、汽车、共享单车等交通方式已经能满足人们出行的需要；无人经济的发展，对于消费者自身影响不大，其降低的是资本家的人力成本。

其次，即使关注无人经济的消费者仅达到调查总数的1/4，但愿意使用、期待无人经济发展的消费者比例仍达到了85%以上。消费者对于新兴事物仍然是愿意进行尝试的，无人经济在一定程度上的确能带来更多的便捷空间。

最后，在数据中，愿意投资的人员仅仅占到了38.33%，这一比例和数据中风险偏好者比例36.67%相当。投资无人经济仍然是一项风险较大的投资，作为一项新兴事物，该结果在预计范围。

AI 发展背景下，我国各形式无人经济发展现状

近年来，无人便利店的资本热度越来越高，一方面，不断迭代的物联网技术、人脸识别技术以及移动支付技术，为无人便利店提供技术保障；另一方面，日趋高涨的人力成本、消费者对于购物便利性需求的提升使得无人便利店热度越来越高。

无人便利店在2017年集中爆发，火得一塌糊涂。但此后无人便利店的"声音"越来越小，还不时爆出无人便利店存在安全隐患、设计缺陷、技术漏洞等问题，许多无人便利店相继关门停业。

通过调查我们发现，人们认为或担心无人便利店存在的问题有许多，主要是"操作麻烦""品种不全"和"安全隐患"等问题。此外还有"难以退换货""产品、食品质量问题""价格偏高""初次使用流程太慢""认知度不高""距离远，店面少""缺少人文关怀""不会用"等问题。我们认为上述问题除了"缺少人文关怀"以外，都可以通过扩展门店、改善技术、完善服务、加大宣传等方式解决，同时也相信无人便利店经过一段时间的发展可以完全解决这些问题。

而通过与顾客的详细交谈我们了解到"缺少人文关怀"主要是指在购物过程中不能与人交谈、砍价，这个问题也是无人便利店与传统便利店相比最大的不足，但现阶段却又无法避免，毕竟"无人"很难体现出人文关怀。

这些便利店依托技术优势，通过人像识别技术、移动支付等实现了无人或少人经营，而且多已形成成熟的仓储物流体系，供应链完整。对消费者而言，便捷支付、高效消费成为可能。但是实地走访了解到，技术上仍然存在一些不足，技术难关依然需要攻克。另外，如何更好满足消费者的需求，以及如何保证商品安全、店内设施安全、对突发事件的处理都是未来无人便利店急需考虑的问题。

其次，无人书店的出现似乎并不代表产生了真正意义上的标准经营模式，或为特殊产物。

纵观图书发行行业，实体书店似乎呈现回暖潮流。但我们必须清醒地认识到实体书店发展仍面临诸多深层次问题，如宏观层面的城乡区域发展不平衡、行业总体质效不高、信息化建设较为滞后等。在实体书店销售额停滞不前、面临危机的情况下，不引入互联网基因，可持续发展将成为一种幻想。

杭州"无限宝盒"无人书店的出现似乎是打破实体书店低迷局面的一个通道。由于书店晚间营业的成本收益比过低，几乎没有传统实体书店实行24小时营业；互联网销售的图书更是节约了店租、雇工、运输等多项成本，价格普遍较为低廉，顾客多在实体店看完书后选择在网上下单，实体书店日益沦为图书的价格体验店。

然而无人书店的诞生也存在着亟待解决的问题：快递行业的迅速发展使得互联网销售的书籍兼具价格低廉与等待时间短双重优点。互联网"新零售"更能利用几十年来积累的大数据，对书店的经营方向、网点布局、产品选择、服务模式等进行精准决策。而无人书店的数据平台无法通过一两次的购书记录分析出用户阅读偏好，拥有的客户信息实在过少。

无人书店的盈利问题值得探讨。在建设初期往往需要大量资金投入，但短期内无法盈利，这将给经营者带来极大的挑战。如何解决这一问题，形成合理的营业、盈利模式，需要经营者仔细权衡。由此也需思考无人书店是否产生了明确的模式或框架，真正意义上的无人书店步入生活可能还没有这么快。

最后，五芳斋等无人餐厅提供给消费者更多的空间，同时为商家降低成本，实现高效化与便捷化。

作为杭州甚至全国首家智慧餐厅，五芳斋于商家而言节约了雇工成本、提高了利润率，能够实现更大的收益；于顾客而言同时后台点餐数据的记录也能根据顾客的喜好推荐菜品，节省了选择菜品的时间。在空间上，无人餐厅的选址最好是临近公司、车站、学校等人流量较大且顾客有缩短用餐时间需求的地点。此外，餐厅的管理重点应从"台前"转向"幕后"，更注重菜品制作的质量和效率。

然而，根据具有统计意义的问卷调查，在其他条件相同的情况下，仅有16.67%的受访者表示更倾向无人餐厅。可见，对应其优势方面的分析，因无人餐厅追求"快捷、便利"，与传统餐厅依赖招牌菜品吸引人不同，距离仍然是最重要的因素，这再次印证餐厅选址的重要性。

与此同时，杭州乃至全国仅此一家无人餐厅，对于大多数民众而言是一个极其新颖的事物，受访者中到过该无人餐厅就餐的人不多，仅为约20%，综合样本选择的偏差，可知人们对于该餐厅的认知和了解不足，这便需要提高宣传力度。

此外，餐厅走向无人化的同时，必然要求顾客自身需掌握一定的电子产品使用技能，不熟悉操作流程的人很可能因麻烦而不选择光顾。

政府对无人经济的相关政策

随着我国经济的不断发展以及城市现代化信息化建设进程的不断推进，全国各地正在逐渐进入以智能业态店与无人交通器为代表的无人经济发展时期。在政府的政策激励下，物联网、大数据、云计算、区块链、AI、VR、AR、MR等新科技不断冒出发展，并且抓住"互联网＋"的时代机遇，使得互联网与传统行业深度融合，创造新的发展生态，实现科技拉动经济，从而促进了一系列新业态的萌发，刺激着中国经济的发展。

2017年十九大召开，"人工智能"被写入报告中，这深刻地表明了国家对AI等科技的重视。国内掀起无人经济的一场热潮，地方政府纷纷响应，不断促进无人经济体与无人交通器的发展。

针对上海临港管理委员会的开发建设委员会于5月8日发布的《临港地区陆、海、空无人系统综合示范区规划》，我们对其进行了采访，了解到起草规划的初衷、规划具体的内容，以及规划目前的执行情况，获知该规划实现的最终达成的现实意义。

从临港管委会的这份规划，认识了"政府＋企业"模式的奥秘，探讨如何实现共赢，既吸引拥有相关科技的公司，又致力于地区科技经济双发展，携手达到推进无人机、无人驾驶等的成熟进步的目的，促进产业结构转型升级。

在采访中，我们主要询问关于《临港地区陆、海、空无人系统综合示范区规划》的主要内容和对无人经济相关行业的基本看法等问题。

无人机与无人驾驶汽车均有广泛的发展前景，但就目前的发展情况来看，均缺乏应用场景和应用规范。对此，政府实施"政府＋企业"模式，提供一系列测试园区，拉动无人机等的快速发展。以上海临港管委会为例，该模式的具体表现为提供应用场地支持，建设无人驾驶测试基地，申请无人机测试空域以及协调滴水湖的无人船测试区域等，配套了三个专项制度——"智能制造专项""人工智能转项"与"创新环境建设专项"，与上海市经济发展中心积极合作，提出《临港地区人工智能与实体经济融合方案》，积极发展人工智能与实体经济深入融合。营造一个适合的环境，吸引优秀的相关企业，为它们及时解决出现的问题。

除此之外，6月7日，国内首个"国家智能网联汽车（上海）试点示范区"封闭测试区在嘉定开园，可为无人驾驶汽车提供综合性的测试场地和功能要求，这也标志着作为全球测试功能场景最多、通信技术最丰富的国际领先的封闭测试区（一期）正式投入运营。

而针对无人机与无人驾驶汽车的使用范围及相关法律法规，政府也陆续出台了相关的管理条例、使用标准等。在进一步规范市场环境的条件下，开拓了无人机和无人驾驶汽车的发展前景。

落地是否生根：乡村振兴视野下三峡移民创业情况的调研
——以安徽省江北地区移民安置村为例

团队：安徽师范大学

团队成员：张吴越、方雅致、张蕾、吴琨、朱雨琪、丁慧、王亚鹏

指导教师：马星宇

时间：2018年

大量外迁的三峡移民在新的土地经济上是否自立，习俗上是否相融，文化上是否相通，换言之有没有将他乡视作故乡是考察衡量这一世纪大移民工程民生发展的一个重要指标。

乡村振兴战略出台后，围绕产业扶贫是不少地区脱贫攻坚的重要方向。调研团队调研了安徽省合肥市长丰县丰峡村和马鞍山市含山县部分移民点发现，经历了外出打工的阶段性再迁徙后，移民群体加速返乡（指移民点）深度融入当地特色产业，获得政府资金支持、技能培训、市场平台，但规模效应发挥尚不明显，自身产业化规模还不突出，带动致富的延伸功能尚未显现，应对自然灾害和市场调整能力尚不高。同时，本文还提出了破解困境的具体路径。

研究背景和内容

乡村振兴战略是习近平总书记2017年10月18日在党的十九大报告中提出的战略。农业、农村、农民问题是关系国计民生的根本性问题，必须始终把解决好"三农"问题作为全党工作重中之重，实施乡村振兴战略。按照党的十九大提出的决胜全面建成小康社会、分两个阶段实现第二个百年奋斗目标的战略安排，强调到2050年，乡村全面振兴，农业强、农村美、农民富全面实现。乡村振兴的最终目标，就是要不断提高村民在产业发展中的参与度和受益面，彻底解决农村产业和农民就业问题，确保当地群众长期稳定增收、安居乐业。

目前我国已进入全面建成小康社会的决胜时期，十九大报告指出，要坚决打好防范化解重大风险、精准脱贫、污染防治的攻坚战，使全面建成小康社会得到人民认可、经得起历史检验。产业扶贫作为精准扶贫的重要内容，其发展内容主要是指在县域范围，培育主导产业，发展县域经济，增加资本积累能力；在村镇范围，增加公共投资，改善基础设施，培育产业环境；在贫困户层面，提供就业岗位，提升人力资本，积极参与产业价值链的各个环节。因此，我们可以认为产业扶贫是乡村振兴战略实现的重要途径。

长江三峡水利枢纽工程即三峡工程。三峡水电站于1992年获得全国人民代表大会批准建设，1994年正式动工兴建，2009年全部完工。为了建设三峡工程，110多万移民告别了故乡，开始了从1993年到2005年的大转移。涉及面之广，动迁规模之大，创举之多，中外史上前所未有。根据三峡工程进度，国务院分批下达安徽省三峡工程重庆库区（巫山县、开县）农村移民安置任务共计8000人。

产业振兴是乡村振兴的重点，要实现产业兴旺，必须用新的发展理念，从区域主导产业入手推进产业融合。既要根据产业类型来延伸产业链，又要尊重农民意愿，让农民分享发展成果。为了解乡村振兴的实施情况，我们选取特定人群——三峡移民，以他们作为本次研究对象探讨乡村振兴视野下三峡移民的就业创业情况。为此，调研团队选取并走访了安徽两个典型移民点，分别是合肥市长丰县丰峡村以及马鞍山市含山县。

丰峡村是独立建制的新建村，位于安徽省长丰县水湖镇。2000年8月，重庆市巫山县巫峡、南陵、大溪3个乡镇的三峡移民9个村151户625人迁移到水湖镇，独立建制设立丰峡村，现有151户649人，农田625亩，人均耕地近1亩。丰峡村紧紧围绕产业发展这一主线，大力发展种植业和养殖业。与此同时，丰峡村所在的长丰县是全国商品粮生产基地县、全国生猪调出大县、全国第一草莓种植大县，已在全国形成特色农业品牌。尤其是草莓种植，长丰县草莓是全国设施草莓生产第一大县，素有"中国草莓之乡"的美誉，其品牌草莓远销全国各大城市甚至海外地区。

位于马鞍山市的安置点含山县属于分散安置类型。2004年，含山县共接受安置移民135户520人，分散安置在县内7个镇14个移民安置点。含山县地处马鞍山市，与省会合肥对接前沿，交通便捷，区位优势明显。2009年含山县仙踪新农草莓种植专业合作社成立，经营范围包括组织本社成员从事草莓、蔬菜、瓜果、豆类种植、销售等。为更好地发展仙踪镇的草莓种植业，仙踪镇新农草莓种植专业合作社与国元保险签订了特色农产品保险合同，为大棚草莓种植上了保险，解决了农户们的后顾之忧，更提高了农户们的种植积极性。

长丰县的整建制移民安置与含山县分散式的移民安置两者各有特点，两者这些年为了实现农民增收在产业振兴领域所选取的方向具有相似性，对于研究乡村振兴视野下三峡移民的就业创业情况具有样本意义。

调研团队以实地观察、采访的方式，挖掘三峡移民代表的创业故事，调查三峡移民移民点本地创业及从外地返回移民点创业的动机与考量，基于对典型人物的分析并综合考虑历史、区位等因素，总结出"创业热"兴起的推力与阻力。同时，查阅政府文件资料，了解支持三峡移民创业的外在扶持，在乡村振兴、精准扶贫的政策背景下，调查当地三峡移民创业与产业扶贫的融合情况，与在地优势产业的融合情况。

此外，以江北两地为例，重点调查乡村振兴背景下在皖三峡移民的生存发展现状、生活变化等，包括经济上是否自立、身份上是否认同、文化上是否交融等方面。了解移民迁居后对新生活的适应情况以及融合过程中的问题反馈，重点是考察在乡村振兴、产业振兴的环境之下的新型族群融合、互动交往形式。并研究在三峡移民工程的安排、实施、善后等不同阶段的政策落实情况，重点是十九大后乡村振兴政策的落实。

研究结果与案例

1. 因地制宜：构建家庭农场——以长丰草莓种植户佘扬付为例

长丰县是全国设施草莓生产第一大县，素有"中国草莓之乡"的美誉。2003年10月，长丰县被国家标准委批准为全国唯一的国家级草莓生产标准化示范区，2008年"长丰草莓"获"地理标志"注册，加之县城交通便捷，基础设施完善，区位优越，发展草莓的相关产业空间巨大。

在早期阶段，佘扬付作为最早迁到丰峡村的一批移民，在2000年8月来到安徽江北的长丰县后，完成生存立业的初步安定。进入中期

"发展型移民"阶段后,基于当地政府的就业扶持和丰峡村全村范围内掀起的"草莓创业热"趋势,佘扬付和家人决定开始投入草莓种植行业,进行家庭农场式的自主创业。

目前,丰峡村以"一户带一户"的形式涌现出越来越多和佘扬付同一类型的草莓种植户,他们同样以家庭农场的形式加入到草莓生产经营行业,成了长丰县草莓种植户中的后起之秀。

长丰县全县坚持新发展理念,不断推进农业供给侧结构性改革和产业兴村强县行动,加快农村剩余劳动力转移,加大农民工技能培训力度,有组织地开展劳务输出,出台优惠政策促进返乡农民工就地就近创业、就业。

从可借鉴角度看,佘扬付在搬迁安置后积极适应新的经济生产条件,不断改进就业技能,结合长丰当地的实际情况,因地制宜,充分利用当地特色农业优势,向本地人学习生产经验,主动获取政府的就业创业扶持补助。

从问题分析角度看,佘扬付在创业过程中,受到文化素质水平偏低的限制,农业生产方式单一,缺少创新思维,承受创业风险的能力较低。同时由于缺少资金,对基础设施和生产资料长期性投入能力不足,加上土地流转不规范引发的隐忧,难以获得相对稳定的租地规模,使家庭农场主扩大生产的积极性受到影响。

2. 科技致富:探索高效农业——以含山草莓种植户胡相灿为例

含山县地处马鞍山市与省会合肥对接前沿,交通便捷,区位优势明显,是合肥都市圈、南京经济圈、江北集中区的交集之地。县内光、热、水等自然资源颇为丰富,农作物品种较多,成就了优质粮油、规模畜禽、健康水产、精细蔬果、名优茶叶等品类众多的名优农产品。

2004年,年仅14岁的胡相灿跟随家人从重庆市开县镇东镇移民到含山县后，开始扎根于安徽的生活。由于迁移时年纪尚轻，胡相灿经过当地在校的教育学习后很快便融入含山的生活环境。在迈入成年阶段后，胡相灿凭借对含山县生产情况的了解和在种养技术培训班所学的知识，选择进入草莓种植行业成为一名职业农民。

2009年胡相灿在自家1.2亩田地试种草莓，初见收益后，他申请农村信用社贷款进一步扩大生产规模，草莓创业步入正轨阶段。结合含山当地农业状况改进种植技术，胡相灿自主培育草莓秧苗，提升大棚的利用效率，自创的"小胡草莓"品牌也打入市场，由草莓种植逐步扩展到销售、运输及深加工项目，形成机械化、科技化、品牌化、精细化的生产体系。

从可借鉴角度看，胡相灿作为"移民二代"，在新的生计环境下适应和发展能力较强，经济水平、生活水平、文化程度等方面与迁入地居民靠近，融入安置地的生产发展，凭借技术优势打通含山及周边的农业市场，通过草莓包装、储藏及深加工，打造一条完整的草莓产业链。

从问题分析角度看，草莓园区的功能定位模糊不清，管理服务能力欠缺，社会投资体制机制还不健全，这些问题制约了草莓园区的升级进程。第一、二、三产业融合仍存在巨大的发展空间，市场范围有待扩展，电商销售渠道还待开拓。

3. 摸索创新：试水基塘种养——以丰峡小龙虾养殖户杜立兵、杜立葵为例

据《合肥市志（1986—2005）》记载：1993年，长丰县下塘镇农民开始尝试稻田养殖小龙虾，当年获得成功，亩产100公斤。长丰县是安徽小龙虾产业发源地。现如今，长丰县小龙虾养殖规模已经今非昔比，几乎每个乡镇都有农户养殖小龙虾。截至2018年6月，长丰县

小龙虾养殖面积达11.1万亩,其中:稻虾综合种养10.4万亩,池塘养虾0.6万亩,藕田养虾0.1万亩。

长丰县出台的《长丰县2018年特色种养业精准扶贫奖补办法》中提出:养殖小龙虾等特种水产品2亩以上的能拿到每亩奖补500元,最高奖补3000元。杜立兵的姐姐杜立葵是在2018年5月开始养殖小龙虾,她作为贫困户,下半年可以拿到3000元的政府补贴。

丰峡村移民得到的耕地大多数质量都较差,加上遭受旱涝的情况多,种地的收益甚微,杜立兵没有将种地作为主要的生存手段。现今,年过五十的杜立兵难以承受小工的工作压力,选择回到地里,开始学习周边乡镇的小龙虾大户,重新挖地掘塘,养殖小龙虾。他没有参加过专业的小龙虾养殖培训,养殖信息主要是询问有经验的养殖户,或者采取在养虾微信群里提问的方式获得。

从可借鉴角度看,杜立兵所在的微信养虾群内,实现了线上无障碍交流,打破了不同群体间的圈层区隔,群主及成员及时发布市场情况预警和灾害处理等信息。本土人分享销售市场信息,给社交范围有限的移民养殖户提供了更多的销售渠道。

从问题分析角度看,丰峡村的三个小龙虾养殖户都是独立经营自家的养殖基地,规模固定,主要劳动力来自于家庭成员,难以扩大。其次,像杜立兵的养殖基地是由原来的耕地改造而来,采用"田"字形的构造,想按照基塘农业模式运作,在水里养虾,基堤种菜。但由于基塘没有经过科学的设计和专家指导,目前尚未确定基堤上该种植何种作物,整个水塘仅仅投放虾苗,造成资源浪费。

4. 创业瓶颈:思考困境过后的新出路——以丰峡朱正福、黄海银酿酒作坊为例

长丰县在酿酒行业的发展稍显缓慢,家庭酿酒小作坊尚未形成规

模。与此同时，根据合肥市最新政策显示，白酒小作坊不得在登记备案的行政区域以外销售。本着尊重传统、控制风险的原则，合肥允许固态法发酵白酒小作坊生产，但限制其产品只能在自家实体店进行销售。

2018年2月，作为移民后代的朱正福与其老乡黄海银辞去了在重庆一家修理厂的修车工作，来到了合肥长丰县开始了他们的创业历程。黄海银在湖北开酒作坊的舅舅给他们介绍了一家位于深圳的酿酒设备销售公司，于是两人在深圳接受了为期一个月的知识培训。

在成功酿成第一批酒后，朱正福和黄海银想到了办证的问题。最初他们跑去长丰县政务中心，政务中心的工作人员给出的答复是他们做的是液态酒，不符合办证规定。两人一了解才知道，原来2018年3月，合肥市出台新政策，根据有关文件规定：白酒小作坊不得在登记备案的行政区域以外销售。

从借鉴角度来说，能够及时调整创业思路，充分利用现有资源，参考长丰酒业尚处于发展阶段，竞争压力相对较小，从而提出酿酒制造的想法较为新颖。

从问题分析角度来看，对政策了解不充分，缺乏有效应对，同时在创业资金紧张的前提下，没有进行充分准备，考虑不足，盲目进行现有资金投入，采取先酿酒再办证的做法，既违反政策，也是一次失败的创业投入。

5. 创业失败：半路退出的创业先锋——以丰峡生猪养殖户匡永见为例

养殖行业属于副业，属于农业五大业之一，在农业中尤其是农民致富中的作用越来越显著，也是乡村振兴战略中产业振兴的重要组成部分。农村市场广阔，地域宽广，农产品资源丰富，是发展养殖业的有利环境。然而,当前畜禽养殖污染已经成为农业面源污染的重要来源,破解粪污综合利用问题迫在眉睫。随着限养政策的出台,处于全镇禁养区的丰峡村大批猪场被拆。

2010年,匡永见已经成为村中的七大规模化生猪养殖户之一。但随着防治畜禽养殖业污染的需求日益增长,美丽乡村建设兴起,丰峡村被划定为禁养区域。2014年左右,匡永见的生猪养殖场在内的七个养殖场被关停,匡永见的生猪养殖事业夭折了。按照环保局政策和标准,匡永见应得到大概327元一平方米的补偿,但拆除后至今,由于一部分还没有验收,打款还未完全。

从问题分析角度看,缺乏引导与扶持,农村移民发展空间狭小。无法再从事养殖业的养殖户必须面对新的行业、新的技术,然而政府对禁养后的养殖户仅仅提供物质补偿,技术引导方面是缺位的。

问题总结及解决措施

通过整理资料和实地考察采访,在对移民者的群体观察中,我们能够看到,安徽江北一带涌现出一批典型的移民创业代表。对美好生活的向往正转化为对在地产业的深度融入,无论是含山草莓还是长丰龙虾,无论是资金扶持还是技能培训,无论是土地流转还是抱团取暖……他们已经完成从"重庆人"到"新安徽人",从"山伢子"到"田间人"的转变。

而今,他们处于不同的创业阶段和行业领域,主要分布在乡村地区且从事农业生产人数占较大比例,创业情况整体呈现出家庭化经营、中小规模经营、政府扶持经营的特点,在迁入地范围内起到了示范带动作用。同时不同创业个体也遇到了不同的问题和困境,主要包括:融资难、用地难、保险难、水平低、不规范、宣传少、模式单

一、产业融合主体带动能力较弱。

通过调研和对调研结果的分析，我们有针对性地提出了解决措施和建议。

1. 多种方式就业、创业。针对搬迁安置后的移民，因受生产条件改变、经济格局调整等方面影响，原有的生产技能、职业技术和经营能力基本作用不大，甚至丧失作用，以及农村移民受教育程度普遍偏低，文化素质不高，就业能力弱等问题，需要开拓多种渠道进行多种方式就业。

2. 因地制宜，充分利用当地特色资源优势。获取多方面的创业扶持，深入挖掘特色产业，寻找商业机会。

3. 探索多种经营方式，构建新型农业经营体系。大力培育专业大户、家庭农场、专业合作社等新型农业经营主体，发展多种形式的农业规模经营和社会化服务；推进农村第一、二、三产业融合发展。

4. 改进生产技术，完善基础设施。科技是第一生产力，实现较高的土地产出率、劳动生产率和资源利用率；完善基础设施，为村民提供便利，对未达标的养殖或种植项目进行改造，给予补助，普及统一的标准，要求村民遵循标准进行合理作业，而非全面取缔。

5. 增强扶持政策的精准性、指向性。县级农业部门要建立养殖大户和家庭农场档案，并进行长期观察，把握产业发展的过程、存在的问题及解决措施，借助其他平台补充、完善相关资料，及时提供经验借鉴；政府要打通信息渠道，完善保险制度。农村信贷在合理合法的情况下，最大限度地提供资金支持，助力农民创业和乡村振兴。推出"信贷＋保险"产品，促进农户、金融机构和保险公司三方之间的合作。

6. 各级政府和村委要注意培养家庭农场主的企业化意识，联系、提供对口专家和企业,开展除技能培训外的经营管理类培训,帮助家庭农场建立健全管理服务制度。

7. 加强有关政策宣传力度,在新的政策法规出台后,政府要注意组织专门人员对农村创业者进行政策培训和政策难题解答。

8. 市场需要建立一套价格发现体系,形成像股价一样按照固定格式公布的即时价格信息,来为"弱小"的农村生产和销售经营者提供必要的参考。

健康中国视域下药品零售不当促销现状

团队：中南大学
团队成员：孙寒宁、李博昕、刘江芮、李超、刘阳、杨宗凯、
殷明雪
指导教师：王红霞
时间：2018年

党的十九大报告提出实施健康中国战略，深化医药卫生体制改革，全面取消以药养医，健全药品供应保障制度。国务院2016年12月27日印发的《"十三五"深化医药卫生体制改革规划》中也提出要推动医药分开，调整市场格局，使零售药店逐步成为向患者售药和提供药学服务的重要渠道。这意味着零售药店在药品销售中将逐步占据重要地位。

改革意在保障公众用药安全、有效缓解"看病贵"等医药卫生问题，这是以人为本、体恤民情、改善民生的重要举措。但零售药店的实际发展现状并不乐观，处方药买药品赠药品、虚假宣传、诱导消费者过量购药或购买高价药物等不当促销行为成为消费者可体察的行业"潜规则"。零售药店的不当促销行为，使得国家的药价调控政策难

以贯彻落实，消费者的用药安全也得不到有效保障。这些问题得不到有效的改善，不仅会损害消费者的经济利益，更会侵犯消费者的生命健康权，还会阻碍改革推进，相关的改革和战略目标也难以实现。

本调研以此为切入点，对长沙、株洲、湘潭（以下简称"长株潭"）三市的零售药店进行抽样，实地考察长株潭药品零售不正当促销现状，同时对当地消费者进行问卷访谈。以了解药品零售不当促销的主要表现形式、地域特点及消费者对药品零售促销的认知水平和态度。项目以实地调查收集的第一手数据为基础，本着贯彻落实"十三五"规划、十九大健康中国发展战略，更好地保障消费者用药安全、平价及方便的宗旨，为提出规制药品零售不当促销的可行性方案提供现实依据。

药品零售不当促销的具体情况

以违禁销售、有奖销售、比较推销、劝诱销售和欺诈促销五方面作为调研对象对零售药店的促销活动进行考察，并对200家药店不当促销的具体情况进行统计分析，得到数据后分析如下。

（一）违禁销售的具体情况

调研的200家药店均存在无处方销售处方药的现象，无处方销售处方药成药店售药常态。实际调研中，处方药、甲类非处方药买赠的主要表现形式有：买×送×、买×免×、买×省×、第×件免单；或者不把促销挂POP（卖点广告）牌，当消费者购买相应药品时，店员口头告知可以买赠等。由此可知，在我国药品零售促销市场上，处方药、甲类非处方药买赠行为多发且形式多样，口头告知的形式还具有一定的隐蔽性。

（二）有奖销售的具体情况

附赠式有奖销售普遍存在。附赠式有奖销售与处方药、甲类非处方药买赠存在重叠之处，但其不限于此，还包括乙类非处方药和中药饮片等药品的买赠行为。此外，项目将满减、满送、换购、打折、办会员送礼、积分兑换等行为也纳入附赠式有奖销售的范畴。调研中发现，附赠式有奖销售占比86%，在零售连锁药店的占比更是高达94.2%。

暗访的200家药店中，仅有15家零售药店存在抽奖活动，占比为7.5%，而在这15家零售药店中，11家是零售连锁药店，4家为零售单体药店。由此可知，药品零售中，抽奖式有奖销售较少，且多是连锁药店。

（三）比较推销的具体情况

面对同一通用名称、不同厂家的药品，店员往往会在推荐时声称"这个药要比那个药效果好一些""这个是中成药，要比你服用的西药副作用小""你牙疼，吃牛黄解毒片没用，给你拿这个药""这个药是牌子的，要比那个好"……此种情况下，虚构优效和贬低他药往往同时存在。但是调研时发现，湘潭地区（共调研29家零售药店）比较推销的现象并不多见，而且在11个比较推销数据中，仅有3家零售药店的店员在药品介绍时存在贬低他药的情形。湘潭地区零售药店店员在进行具体的药品推荐时，最主要的表达特点是仅称推荐药品疗效好，对另外的同类药品不予置评。

（四）劝诱销售具体情况

从实质上讲，零售药店开展的所有促销活动的目的都是为了吸引、诱使消费者买或多买药品。但是此处所讲的劝诱销售仅指店员对药品进行搭配推荐，以及店员在提供药学服务的过程中，为了让消费者购买相关或更多药品声称的"凑单满减""多买多送""给你便宜点"等劝诱行为。

零售药店搭配销售的比例高达82.5%。这一现象从访谈数据中也能得到证实：80.5%的受访者表示，在零售药店购药时，遇到过店员对药品进行搭配推荐的现象；12.5%的受访者没有遇到过；7%的受访者表示没注意过、不清楚。由此可以看出，搭配销售的现象在药品零售中较为普遍。

（五）欺诈促销的具体情况

零售药店在经营活动中，以偏概全比重占了53.5%。零售药店常有会员日打折的促销活动，有些药店直接打出："××会员日，全场×折"，或称全场×折起；进去询问之后，又称店内只有保健品打折。关于积分活动，也存在以偏概全的问题，有些药店的特价药品不仅不参与促销，也不能积分；有些药店则规定消费10元及以上才能积分，但在相应的促销活动宣传中，这些药店只表述为"积分""双倍积分""积分送礼"等。

在200家零售药店样本中，存在活动解释权现象占比60.5%。访谈数据也显示，39.5%的受访者遇到过解释不一致的情况，32.5%的受访者没遇到过，28%的受访者表示没注意过。

（六）零售连锁药店与零售单体药店不当促销情况

在对零售药店的调研过程中，发现零售连锁药店除无处方销售处方药发生率与零售单体药店持平，搭配销售比率略低于零售单体药店，其余不当促销行为发生率都普遍高于零售单体药店。也就是说，零售连锁药店相较于零售单体药店，促销活动多且频繁，促销力度大且形式多样。

（七）大型医院附近零售药店不当促销的特点

项目对湘雅三医院、湘雅二医院、湖南省第二人民医院等医院附近35家药店进行统计分析发现，大型医院附近零售药店的经营销售活动要规范些，其违法比率相较其他地方偏低，最明显的就是在处方药、甲类非处方药买赠，附赠式有奖销售，抽奖式有奖销售，贬低他药这四个方面，不论是零售连锁药店还是零售单体药店，发生比率均较整体的低。

（八）零售药店店员药学服务中存在的不当促销行为

问卷访谈数据显示，175位遇到过店员推荐或搭配药的受访者中，64%的都接受过店员"很热情"的搭配和推荐，甚至过分热情，以至于让人无法拒绝（占比7%）。实地调研中也多次遇到让人无法拒绝的售药情形：向消费者简单地询问症状之后，店员便拿了几盒药，然后直接走向收银台，对药品价格、性质、服用方法、是否有不良反应等均不作告知。此外，在有些零售药店，当准备付款时消费者表达出不想购买的意思时，尽管少有强买强卖的行为，但店员的态度也会发生很大转变，甚至白眼相待。

药品零售不当促销原因分析

为何在法律规范都有明确规定的情况下，药品零售还会呈现出上述不当促销现状？针对药品零售不当促销的上述特点，团队主要从现有制度、药品零售行业、消费者三个方面对其进行原因分析。

（一）现有法律规制体系的混乱和效力不足

法律规范体系的统一协调不仅是立法科学性的重要体现，也与法律规范的贯彻实施密切相关。法律规范体系的不统一不仅影响立法目的的有效实现，还有可能侵害规制对象的合法权益。

法律规范的不统一使得监管部门在法律适用上存在差异,对于哪些药品能否参加促销活动的问题,不同法律规范的规定存在较大差异。虽然在适用中可根据《立法法》的有关规定适用《药品流通监督管理办法》,但事实上已造成了各地地方性规范制定和执行上的不统一。有的地区禁止"买药赠礼",有的地区则没有限制。

零售药店的促销活动缺乏有效规制体系,现有法律规范缺乏对药品零售促销行为的专门规定。在我国医药卫生体制大刀阔斧改革的当下,规范的制定和更新存在明显的滞后性。同时,违法促销的责任追究机制不健全。尽管相关法规明确禁止有奖销售药品,却并未明确对这种违法行为如何处罚,《药品管理法》也对该问题没有涉及,这就造成虽然违法却无须承担法律责任的尴尬状况。

现有监管制度中,对零售药店的日常监管方法主要有全面检查、专项检查、跟踪检查、有因检查、日常巡查飞行检查及远程电子监管等方式。许多违法促销活动具有隐蔽性,灵活多变,可以随时换、撤,改变门店场景布局,特别是一些处方药、甲类非处方药买药品赠药品问题,药店为了规避法律监管,往往在门店内不做任何标识,只在消费者购药时,才会口头向消费者表示,这些行为增加了监管发现的难度。

(二)药品零售行业的市场化运作

药品零售企业的市场化意味着其作为以营利为目的的经营主体,经营活动更多关注的是企业营利。追求高毛利、强调销量的现象无可避免。药品零售行业的市场化也影响着药店的竞争、地域布局和不同地域销售市场的差异。这些也会直接或间接地对零售药店具体促销方案的制定产生影响。

零售药店趋利性明显。零售药店作为市场经营主体,其以盈利作为最终目的。为了获取更高的利润，在通过各种促销活动吸引消费者购药的同时，常常会搭配销售或有针对性地向消费者推荐高毛利的药品，一些医院销售的毛利低的药品，零售药店要么没有卖，要么不参加活动，而且价格一般要比医院药房的高。

连锁药店实力雄厚，市场竞争激烈，促销力度大且频繁。健康中国战略、医药分开改革的大潮对零售药店而言，既是机遇，也是巨大的挑战，在多种因素的影响下，零售连锁药店为了应对激烈的市场竞争，争夺有限的消费者资源，便试图通过开展各种促销活动来达到吸引消费者、增加消费黏性、提升品牌知名度的目的。

大型医院附近消费群体稳定。大型医院附近的药店的药品买赠和有奖销售发生率低于整体水平的主要原因在于，这些药店占据优良的地理位置，借力大型医院稳定、高频的需药群体，能获得较其他地区零售药店更为充沛、稳定的消费者资源。另一方面，从医院出来的消费者，一般都有较为明确的购药目标（不是有处方单，就是遵医嘱，或者对自己的身体症状有了更为正确的认识），因此，药店店员一般也不需要为了推荐某个药以虚构优效或贬低他药的方式进行推销。

（三）消费者对药品基本知识的了解程度、对药品促销法律规范的认知水平不高，维权意识弱

消费者在这些方面的认识不足，直接影响零售药店的销售行为——针对不同的消费者，采取不同的营销策略。同时，消费者作为最普遍的守法主体和社会监管主体，上述认知的不足也会影响法律政策的贯彻落实。

消费者药品基本知识匮乏。药品知识专业性较强，而且药品属于低频消费，一般消费者用药需求不大，很少去药店，也很少关注药品相关知识，对药品分类等基本知识的了解程度也不够深入。

消费者对药品促销法律规范的认知水平不高。就消费者认知度最高的"无处方销售处方药"的问题，38.5%的人表示不清楚，16%的受访者表示正当合法，高达半数以上的受访者都不知是否违法，甚至认为是正当合法的行为。

面对在药店购药时遇到的零售药店滥用解释权的行为，只有4.5%的受访者回应会与药店据理力争；30.5%的受访者感觉自己受到了欺骗，会直接走人；20.5%的受访者会选择不跟药店计较；42%的受访者选择只买需要的，不再参加促销活动。也就是说，出现侵害消费者权益的行为时，90%以上的受访者是选择不了了之的。虽然有的药店在显著位置公布了行政监管部门的举报电话，连锁药店还公布了公司内部监管部门的联系方式，但是就整体看来，消费者维权的积极性并不高。

（四）典型分析：凭处方销售处方药制度的结构性困境

在调研数据样本中，最显著的现象就是200家样本均存在无处方销售处方药的现象，此问题不仅与消费者的用药安全关系密切，而且能够很好地反映我国目前药品零售促销乱象的系统性成因。

药品零售店处方药销售的规范流程是：执业医师开具处方—用药者携处方单去零售药店购药—零售药店执业药师审核处方单并签字确认—零售药店执业药师销售处方药。在这一流程中，存在四个重要条件：享有处方权的执业医师，可带到零售药店的有效处方单，享有处方审核权的执业药师，以及联系这三者的购买处方药的消费者。就我国的发展现状及项目调研了解的情况看，上述四个条件都不完备。

现有制度问题：医院处方外流仅初成趋势，药师制度设计脱离实际。在取消医院药品加成，处方药外流政策的推动下，处方外流成为趋势，但是尽管顶层政策积极推动处方外流，但仍有不少难关需要突破,如电子处方、医保对接等问题限制着处方外流。

《药品管理法实施条例》第15条规定,经营处方药、甲类非处方药的药品零售企业,应当配备执业药师或者其他依法经资格认定的药学技术人员。但是执业药师数量严重不足的问题长期未得到解决。这就使得即使严格按照凭处方购药的要求,零售药店的处方药销售中也会因药师数量不足,在药师审核药方环节受到阻滞而不能贯彻下来。

药品零售企业趋利性明显:凭处方销售处方药影响销量。处方药必须凭处方单销售,而处方的不易获得、消费者法律意识不强等情况会使前去购买处方药的消费者带处方的概率不高,这会影响药店药品的"短频快"销售,药店为了保证销量和盈利,多不会遵守该规定。

消费者安全用药意识匮乏:图方便和自认为的"安全"。我国的药品分类管理制度尽管采用国际通行的先进经验,但是客观条件并不具备,不仅没有全面有效的配套制度、规范的市场引导,在专业人员配备、消费者主观认知等方面也存在欠缺。这使凭处方销售处方药的制度很难贯彻落实。

报告根据抽样数据,对长株潭三地药品零售不当促销现状进行了统计分析,并对现象背后的原因进行了探讨。对于药品零售不当促销规制中的结构性困境,应将药品流通体制改革放到中国医药卫生体制改革的大盘子中统筹考虑,采取"标本兼治"的方式加以推进。另一方面,药品零售不当营销很大一个原因是行业内部的竞争,目前我国缺乏药店零售行业协会,缺乏一个整体的行业规则。因此,应当推动设立药品零售行业协会,制定保障正当竞争、维持市场秩序的行业规制,加强药品零售行业自律。同时,还应加强宣传教育,增强消费者安全用药意识,特别是对老年人这一特殊群体,应该予以特别关注。

第三章

政策法规类

对我国精神障碍者在强制医疗模式下权利保障的问题研究

团队：华东政法大学"律政先锋"实践队

团队成员：张艳、刘彦琦、杜文君、向阳、刘春蕾、周宇捷、戴景彬

指导老师：李秀清

时间：2016年

有这样一群人，他们不知道自己生病了，或许他们不认为自己生病了，他们病得与众不同，他们病得忘记了尘世间的自己。因为外界接触不到他们精神世界里的平静、波涛、恐惧、迷茫，他们被拒绝着，被嫌弃着，被害怕着，被排斥着，被称为"神经病"，被称为"疯子"，也许不被称之为"人"。正因为这一份不同，他们成为这个社会关注的空白点，正因为这一份不理解，他们被禁锢着难以回归社会，正因为这一份敏感，他们隐隐被社会抛弃。

每1000人中便有13人患有精神障碍，从社会的稳定与安全方面考虑，我们不得不对那些对正常人来说具有一定暴力危险性的精神障碍者实施强制医疗，将其送往专门的精神卫生医院进行强制性的隔断诊治。

可是，在这些强制过程中，又有谁来关心他们自身的意愿，又有谁来关注他们的基本权利是不是得到保障，又有谁来关怀他们、接受他们踏上"回家的路"？精神障碍者也是社会的一个个体，也是社会不能分割的一部分，有时候他们也有才能，也有理想，也会感到痛苦，也会产生渴望。他们要的从来不是特殊的关怀，他们只想要一般的尊重与理解。

本次调研，小组旨在深入了解精神障碍者在强制医疗模式的权利保障的现状后，结合上海、无锡、杭州、宁波等地对精神障碍者强制医疗的先进措施，因地制宜，对我国存在的强制医疗模式提出较为合理的实际的建议，构建切实维护精神障碍者合法权益的强制医疗制度，增进社会大众对精神障碍者的了解，使其更好地回归社会。

我们实地走访了华东政法大学司法鉴定中心、司法部司法鉴定科学技术研究所精神病学研究室、上海市长宁区公安局、上海市公安局、上海市民政第二精神卫生中心、上海市长宁区卫计委、浙江省富阳区第三人民医院、华阳街道社区卫生服务中心等地，了解了上海市公安系统、民政系统、卫生系统下精神障碍者强制医疗的现状以及不足之处。

强制医疗模式的 B 面

2016年3月27日晚，四川师范大学一年级学生芦海清被其舍友滕某用菜刀砍死，事后法医鉴定犯罪嫌疑人滕某患有精神障碍，对其肢解舍友的违法行为评定为部分刑事责任能力；2016年4月6日，安徽淮北市杜集区人民医院一名67岁的老医生正在午休时，被一名患者砍伤后不治身亡，事后查明该患者疑似精神障碍者；2016年5月5日下午，已经退休的广东省人民医院口腔科陈仲伟医师被一患者砍成重伤，因抢救无效而身亡，凶手有过精神病史。

精神病人伤人杀人案件频发，严重扰乱了社会治安秩序，并危及人民群众的生命财产安全，在上述案例中，有的精神病人在案发前未被发现患有精神疾病，而有的精神病人却是曾经发病后又不断作案的，这在一定程度上暴露出我国在对精神病人管控方面仍然存在诸多问题。

归类而言，实践中我国对精神障碍者的强制医疗主要包括以下四种情形：一是刑事强制医疗，即根据《刑法》和《刑事诉讼法》的规定，针对社会实施危害行为但不负刑事责任的精神障碍者进行的强制医疗；二是行政性强制医疗，即根据相关行政法规，如2012年《精神卫生法》，针对社会造成严重危害或对社会具有潜在危害的精神障碍者进行的强制医疗；三是监护性强制医疗，即虽然没有危害社会，但在被确定患有某种精神疾病之后，由于病人本身行为能力欠缺，由法定代理人或者监护人根据精神科执业医师的建议，决定将精神障碍患者入院治疗；四是救助性强制医疗，即由民政机关实施的对流浪精神障碍者和无家可归的精神障碍者的强制医疗。

我国目前虽然有多种不同的强制医疗模式，但均存在不同程度的制度缺陷。在刑事强制医疗模式下，尽管2012年《刑事诉讼法》首次对强制医疗进行了从行政化到司法化的法治化"改造"，明确规定了强制医疗程序的适用范围、决定主体、启动程序、审理程序、救济程序、解除和制约机制等问题，兼顾了公共安全和人道主义，顺应了国际社会适用严格的司法审判程序对精神障碍者实施强制医疗的社会发展趋势，但是此次《刑事诉讼法》的修正只是初步搭建了刑事强制医疗程序的平台，该程序仍然存在适用鉴定启动权垄断、缺乏对公权力监督以及未赋予被强制医疗者的救济权等一系列忽视精神障碍者权益的问题。

强制医疗模式涉及公民的尊严和权利问题,对法治国家和人权保障的实现有着重要的意义,对实现实体正义与程序正义也有着重要的意义。

作为刑事诉讼中的特殊程序,在追诉犯罪的刑事诉讼中,一旦出现可以适用刑事强制医疗程序的法定情形,应立即中止刑事普通程序,同时启动刑事强制医疗程序。而启动刑事强制医疗程序的前提是必须经过司法精神病鉴定,可见,司法精神病鉴定是刑事强制医疗程序启动的前提。作为强制医疗程序的"入口",在刑事诉讼中规定完善的精神病鉴定启动程序至关重要。然而,《刑事诉讼法》对确定犯罪嫌疑人或被告人是否为精神病人的启动程序包括精神病鉴定的启动主体、鉴定机构、鉴定时限、鉴定程序等均未做出明确规定,这直接影响着刑事强制医疗的进程和效率。

截至目前,精神病的病因和发病机制仍然是一个谜,它并不像其他疾病一样有坚实的科学基础,很多精神病人无法找出其器质性的病变,医生也无法通过脑电波、神经递质、基因等生物学上的客观指标来判断一个人是否属于精神病人。医生只能凭借病史和临床表现进行诊断,因而可以说精神病人和正常人之间的界限其实是非常模糊的。因此在刑事强制医疗程序中,司法精神病鉴定机构至关重要。我国尚无统一的司法精神鉴定机构,并且法律并没有明确规定鉴定机构做出的鉴定意见的法律效力,这就容易出现不同的鉴定机构做出截然相反的鉴定意见。

未成熟的司法鉴定

在具体的刑事案件中,对精神病进行司法鉴定必须具有两个要件：一是医学要件，二是法学要件。其中，医学要件是前提和基础。我们在调研中发现，在司法实践中，由于缺乏对精神病人统一的鉴定标准，导致在同一案件中，不同的鉴定机构对行为人做出不同的甚至互相矛盾的鉴定意见。这不仅严重影响着刑事强制医疗程序的启动和推进，而且容易延误刑事诉讼进程，降低刑事诉讼效率，同时极大地损害了司法权威，也不利于精神病人合法权益的维护。

目前，司法实践中，对精神病人的强制医疗通常由公安机关管辖的安康医院负责，但由于对安康医院的投入严重不足，其收治精神病人的床位与日益增多的肇事肇祸精神病人之间的比例严重失衡。因为没有明确规定强制医疗机构，实践中可能会出现因强制医疗场所限制而无法正常安置精神病人，导致法院拒绝做出强制医疗决定的混乱情况，最终损害需要被采取强制医疗措施的精神病人的合法权益。

随着各国精神病强制医疗制度的发展以及人权保障的深入，刑事强制医疗的目的已由隔离精神病人以保卫社会向治疗精神病人使其顺利回归社会方向进行调整，这也是未来精神病强制医疗制度发展的趋势。强制医疗机构应当定期对被强制医疗的人进行诊断评估，对于已不具有人身危险性，不需要继续强制医疗的，应当及时提出解除意见，呈报决定强制医疗的人民法院批准。

法律规定了民政部门有收治精神障碍者的义务，但法律并没有规定如何保障民政机关收治精神障碍者的财政开支，经费不足严重制约了民政机关收治患者的意愿和能力。我国政府对精神卫生领域的公共投入不足，民政系统的资金更加匮乏，因此民政系统下的精神障碍者很难得到有效的诊疗和护理。在有限的财政收入前提下，民政机关应当从人道主义及人类社会的文明与良知出发，在重视社会公益时以维护精神障碍者利益为前提对其进行收治。

在调研的过程中，不仅医师提出床位不够的现实困境，连围墙之外精神障碍者的家属也反映了这个问题。我们发现并不是民政机关不放患者出院，很大程度上是精神障碍者本人自己不愿意出院。很多精神障碍者知道自己康复了，但他就是不想离开那堵围墙，他觉得围墙外面的世界真的很陌生——出来了，没有工作单位，没有人照料他，也没有人和他聊天，甚至可能连一个睡觉的地方都没有，所以部分精神障碍者把那里当成了余生的养老院，最终造成一位难求的局面。

在对精神障碍者的调研走访中，我们发现民政系统下的精神障碍者回归社会的能力是最不足的。民政系统主要收治"三无对象"中的慢性精神残疾人员，他们需要在民政精神卫生中心里待较长的时间。虽然说上海市民政系统内部会定期安排群体康复活动，会组织精神障碍者读报、看电视、学新歌，以及参加书法、画画、手工小组等业余活动，但是我们发现，由于缺乏回归社区的衔接输出机制，精神障碍者在康复出院之后，往往会很容易发病再次住院。

精神障碍者的防治、诊疗和康复工作主要由卫生系统下的精神卫生机构承担，"不该收治而收治"的案件很多发生在这个系统内，我们团队成员通过对卫计委、精神病专科医院的实地走访调研，加之对卫生机构所遵循的行业规则的考察，发现了很多不利于维护精神障碍者利益的弊端之举。

非自愿住院没有正当程序规范，不接受司法机关的审查。在实践中，卫生机构的行业规则也没有对收治程序做出要求，即我国精神病医院强制收治患者的程序无规范可言，医院无须事先见过当事人，无须事先进行医学诊断，收治时无须听取本人的意见。

即凡是被送治的人，都被医院当作无民事行为能力人处理，送治人自动成为"监护人"，当事人的命运被交给"监护人"全权处理，而且送治人的范围不限于近亲属,也就是说所有公民都有权送治。

在出院的程序上,我国精神病院遵守的行规是:必须由送治人办理出院手续,否则任何其他人都无法接出。这是因为一般送治人就是付款人,医院实际上只对付款人负责。这个"行规"导致的结果是即便精神障碍者康复了,甚至即便是正常人被送进医院了,只要送治的监护人不同意出院,那么他只能乖乖地在精神病医院待着。

2010年国家级司法鉴定机构遴选委员会办公室共遴选出十家国家级司法鉴定机构,这既有利于解决当前审判活动中存在的多头重复鉴定、鉴定意见争议等突出问题,也有利于推动司法鉴定行业整体水平的提高,不断增强司法鉴定机构的示范科学性、权威性和社会公信力。

未来的方向

当前,我国司法精神病鉴定适用标准不统一的问题,已经成为长期困扰和制约司法鉴定工作的难题。有关数据显示,不同鉴定机构对同一案件做出的鉴定意见不一致率高达30%,这严重影响了司法精神病鉴定的公信力。

而导致该问题的主要原因在于我国缺乏统一的鉴定规范标准,特别是在鉴定行为人是否具有辨认或者控制能力方面,基本上是处于无标准的混乱状态,鉴定人主要依据其工作经验和主观意识进行认定。为避免司法精神病鉴定的反复性、重复性,司法鉴定行政主管部门应当尽快制定全国性的、统一的鉴定标准,以尽快结束当前鉴定的混乱无序状况,使我国司法精神病鉴定程序朝着规范化、公开化和透明化的方向发展。

在刑事强制医疗程序中,明确强制医疗的执行机关是目前亟待解决的问题，这不仅关系到强制医疗决定能否得到有效执行，也同样关系到精神障碍者权益能否得到合法保护。

卫生行政主管机关对强制医疗行为的检查是应当履行的义务，但检查所间隔的时间不宜过长，毕竟如果是正常人，被关进精神病医院必是日夜煎熬。参考法、德相关法律，间隔时间一般以15天为宜。这样便于及时发现违法行为，对医方也能产生良好的威慑效果。

异议程序如果只是医院内部诊断程序的延续，则仍然有违正当程序的最低限度要求，即继续由医生充当自己的"法官"，难以达到想要的效果。相对而言，外部的精神病司法鉴定程序独立性较强。鉴定人员应具有中立性和权威性，要完善司法鉴定过程的回避制度。

司法救济程序是必不可少的。患者、家属或其私人代表对法院签发的强制医疗令状不满，法律应赋予其上诉权。同时为了维护强制医疗决定的持续正当性，应当有解除程序以对被强制者权利救济。患者、家属和私人代表有随时了解被强制者治疗情况的知情权。

社区精神康复，是指在社区内由专门的精神康复社会工作者协同社区精神康复医生、康复治疗师及心理咨询师等一系列专业人才为精神障碍者创造有利的社区环境，改善其社会心理环境，提高其社会适应能力，促进其早日康复、重新回归社会的重要康复措施。

本课题对我国精神障碍者在强制医疗模式下权利保障的问题研究，不仅是试图帮助完善我国现阶段强制医疗模式，更是希望社会公众能够尽可能地关注精神障碍者这一特殊群体，希望社会公众能够在一定程度上接纳和包容精神障碍者回归社会和社区。若是社会公众、社区、社会组织、政府等能够重视精神障碍者权益的保障，那将是精神障碍者强制医疗模式发展之路上跨出的重要一步！

民宿监管状况调研
——以厦门市、德清县为例

团队：清华大学

团队成员：王华东、刘禹廷、张靖妍、高畅、杨斯滢、康熔芹、陈家棋

指导教师：申卫星

时间：2017年

民宿，作为一种新兴的经济模式和住宿形态，在灰色地带中野蛮生长。民宿提供的与传统酒店全然不同的居住体验，展现出该行业的巨大前景；房东"如果保安问起，就说到朋友家暂住"的嘱咐，又显露出其重重问题的冰山一角。

随着2015年、2016年国务院办公厅及相关部委陆续公布的系列文件明确提出促进、引导民宿发展，地方关于民宿的立法进程步入了快车道。如今，很多旅游大省、地市都出台了相关规范性文件，近期全国性民宿经营的指导性行业标准《旅游民宿基本要求与评价》也已出台，但缺乏实施细则和明确的法律法规来规范或者保护各方利益。业内认为，行业监管缺乏细化和协同，民宿尚未完全走出灰色地带。

对相关法律与监管问题的深入研究与解决，不仅有利于破除在线民宿短租行业发展的壁垒，促进民宿规范化发展，也可以为其他分享经济模式的规范化提供有益的借鉴和参考，从而为我国的经济转型升级做出贡献。

在调研筹备期间，我们对国内各地现有的管理规范进行收集和梳理，同时参考外国相关法律法规与国内外相关文献，在理论上形成了整体认识。实地调研中，我们首先来到了国内主要的民宿短租平台：途家网、小猪民宿、蚂蚁短租公司，了解了平台公司眼中的民宿行业以及平台公司的职能；随后，我们先后来到"全国民宿第一县"浙江省湖州市德清县、全国第一个民宿管理办法的出台地厦门市展开调研。

莫干山地区现有民宿约550家，以本地农户依托自住房经营的民宿为主，占到莫干民宿的70%—80%。这种民宿被认为属于中低端民宿，而且因为投资小、门槛低，同质化现象十分严重，已经处于饱和状态。相较之下，以"洋家乐"形式为代表的高端民宿仍处于卖方市场，并不断有新的投资者进入这个市场。并且这种高端民宿一般配有管家进行日常的经营管理，运作模式与酒店已经十分接近。

厦门市民宿行业发展则始于2006年，在全国范围内都属于较早的，可分为厦门岛内、厦门岛外和鼓浪屿等地区，民宿经营数量最多的为岛内地区，有900家左右，主要分布的行政区为思明区。目前，岛内民宿数量已达到饱和状态，官方要求控制岛内民宿数量，同时鼓励岛外民宿发展。而厦门市民宿行业发展最好的地区是鼓浪屿和岛内的曾厝垵，这两个地区都有各自的民宿管理协会。这两个地区的民宿分布集中，比起其他民宿分布零散的地区，民宿协会更能够配合政府各部门的工作并进行有效的管理和协调。

我们采访了众多的房东，也与民宿协会负责人深入交流，倾听民宿主的诉求；我们采访游客房客，了解真实的住宿体验。在对行业现状有一定认识后，我们到政府管理部门进一步了解管理状况，知晓了政府的治理方向与难处。在厦门市，我们还亲历了在Airbnb（爱彼迎）平台预订公寓，公寓却因在当地属于违法被警方清空的事件，我们也借此机会向执法民警了解到很多相关信息。

民宿管理体系

1. 德清县民宿管理体系

政府虽然从经营理念和经营模式上将本地农户的"农家乐"民宿与外来投资的"洋家乐"民宿予以区分，但是在管理时对两者是一视同仁的。研究相关规定我们能够发现，德清管理机制可以说是比较成型且系统的，而且政府在其中占据主导地位。而其中最有特色的一项，就是设立德清县民宿发展协调领导小组，将原本冗杂的监管流程和各部门之间的关系进行协调与整合，更高效地实现民宿的日常监管。每隔一段时间，派出所、工商、旅游办等部门就会联合执法，对莫干山的民宿进行检查。而且政府在每个村都雇用了管理员，实现了常态化、全天候的监督。另外"红管家"的自愿服务工作也为整个管理工作分担了很大的压力。这种方式既实现了有效的监管，又不会使政府负担过重，值得借鉴。

2. 厦门市民宿管理体系

目前厦门出台的民宿管理办法，主要有《厦门市鼓浪屿家庭旅馆管理办法》（2016年）（以下简称《鼓法》）和《厦门市民宿管理暂行办法》（2017年）（以下简称《暂行办法》）两个办法，目前均具有法律效力。厦门市民宿管理体系采取的管理方法为属地原则，分区实施。民宿准入条件和审批的门槛加高，手续放宽。监管体系可以概括为政府统筹，一级牵头，在《暂行办法》管理内的民宿，由各街道办事处（镇人民政府）充当申报受理和牵头单位。就鼓浪屿而言，直接管理部门是该辖区的街道办，通过街道办来协调各部门、管委会、行业协会等。需要注意的是，鼓浪屿的家庭旅馆具有更加商业化的特征，每季度需要报备客房入住率、住宿人数、经营收入统计等情况。《暂行方法》鼓励成立民宿协会，协会以小区域组织为核心，通过官方过渡的部分职能进行自律和协调等工作，不仅方便了相关部门和民宿主的联系，也促进了民宿行业的自我发展。

行业问题及成因分析

（一）行业问题

1. 短租房

短租房集中出现在有一定旅游资源的一二线城市，以居民短期出租公寓为主，形式上与房屋出租相似。短租房因在价格上与酒店和独栋民宿相比更具优势，住宿体验也更加接近家庭，因此受到房客的欢迎。

目前，数量众多的短租房在蚂蚁短租、Airbnb等平台接受预订，常与民宿相混淆。但据调研，厦门、德清等地的民宿管理办法并未将短租房涵盖在内，而短租房恰恰是问题较多的住宿业态。首先，短期出租造成社区内人员更换频繁，打扰居民生活；再者，短租房监管难度大，易滋生安全隐患。

2. 同质化经营

同质化经营现象多出现在中低端民宿。此类民宿主要由村民或居民简易改造自住房而成，在设施和装修上以满足基本需求为主，即提供最基础的住宿空间，附带少量餐饮、向导等服务。中低端民宿本身投资小、门槛低，竞争者众多。同时因服务附加值低导致利润空间小，有限的资金流迫使房东难以在装修风格、服务项目和质量等方面进行有效提升。因此它们在同质竞争中无法有效扩大市场，经营压力日益增大，不得不进行价格战或被迫停业。

3．"黑民宿"

在走访过程中，我们发现大量民宿存在证件不齐的情况。据房东反映，办证程序烦琐、周期长、要求高是"无证经营"的主要原因，很多房东选择在尚未满足办证条件时低价出租房屋。当然，相关监管部门制定的标准也有不合理之处。相对于酒店的规模化经营，民宿具有规模小、个性化的特点，按照酒店式消防、安全等标准对民宿"一刀切"，使很多房东产生"办不了证"又"不甘心关门"的矛盾心理，只能维持无证经营的危险状态。同时，信息平台并未对房源的证件进行任何形式的审查和展示。这一方面使房客无法迅速了解房源的证件信息，给房客的人身和财产安全带来隐患；另一方面，"黑民宿"低价出租的行为也使证件齐全的房源在价格上处于劣势地位，不利于民宿行业的良性竞争。

4．民宿行业协会发展滞后

民宿行业协会作为社团法人，因其自治性和中介性成为政府与单个民宿间的桥梁，在观察行业动态、反映业内人员意见、集中智慧出谋划策等方面发挥着不可替代的作用。但因为民宿行业立法与其法律地位的缺失，不少地区合法登记成立民宿行业协会仍存在困难，这进一步阻碍了民宿行业自我管理、自我服务、自我发展的能力。

（二）成因分析

1. 对这一新兴行业的规范太少或者不"合体"

在民宿行业大发展的大趋势下，国务院于2015年颁布"关于加快发展生活性服务业"的指导意见，承认民宿的合法性，并进行顶层设计指引。但民宿作为新兴行业，在发展初期首先面临的是相关规范严重缺乏的问题，从建设、经营标准到各监管部门的职能分工，民宿行业的各方面都需要相关法律法规的不断细化与调整，而大多数地区在这些方面还处于真空状态，难以分门别类地采取监管措施。在某些民宿行业相对发达的地区则产生了另一种现象：政府已着手制定相关规范或已有政策出台，但缺乏针对性，对民宿小规模、多层次、个性化的特点把握不足，只是简单地套用酒店行业标准，进而出现行业政策"水土不服"的现象。

2. 各方监管不到位

我们从三个层面看待民宿行业监管不足的问题。其一是政府层面，由于民宿行业发展呈明显上升态势，旅游部门多持鼓励态度，但公安、消防等部门出于监管难度等考虑在态度上有所偏差，因此总体来说政府各部门间的配合存在一定的不协调；同时，政府意图通过严管促进行业健康发展，却又无法真正实现全方位监管，易使民宿行业成为灰色地带。其二是平台层面，信息平台是房客对房源的第一手认识，应承担起资质审查的责任，但国内平台对房源合法性与真实性的审查仅限于对房东身份证和房源照片的审验，却缺乏对营业执照以及硬件设施的详细审查，存在一些不规范的地方。其三是行业协会层面，据实践发现，由于民宿房源较为分散和协会的职能与权力所限，业内协会仅能起到联系和协调的作用，偶有组织人员培训的活动，在建设与经营标准上更多还是依靠个体自律，缺乏统一的监管和把控。

3. 短租房处于政策边缘

短租房是介于酒店和出租房之间的一种特殊的租赁形式，尽管起步较晚，却因其低价、舒适的特点而遍地开花，是新的监管盲区。目前尚无规范短租房的消防、安全等各方面的法律法规和针对性措施出台。无法被纳入法律法规的规范范围，将不利于短租房的进一步发展。

政策建议与可行性分析

（一）针对短租房

1. 出台全国性统一文件，明确短租房的概念，赋予其合法地位并给出监管意见；以城市为主体制定与本地情况相适应的政策规定。

短租房并非危害国家经济社会安全的毒瘤，而是供给方对多样化旅行住宿需求的回应，是共享经济的产物。短租房有大量的市场需求和可供给房源，然而目前管理规范极度缺乏，而且起步晚，发展速度快，市场上存在鱼龙混杂的问题，这是正常现象。与其粗暴禁止短租房，倒不如正面回应市场需求，在加强管理的过程中解决好短租房面临的种种问题。

2. 加强和明确短租平台的责任在定位上，短租平台不仅仅是一个信息传递者，更是一定意义上的社会服务承担者。短租平台应承担起（不限于）如下职责：

（1）建立人身与财产保障方案和纠纷解决机制；

（2）建立房客身份识别系统，加强与公安部门的合作；

（3）承担代房东缴纳税款的责任。

3. 对于住宅能否改为短租房，可采取同住宅楼内住户多数否决和同楼层紧邻住户一票否决制度，保障同楼住户的相关权益。

4. 构建房客、房东与其他居民和睦共处的良好生态

（1）成立由房东、居民代表与片警组成的短租事务处理委员会，协商处理短租房经营中出现的治安等问题，发挥社区共治的作用；

（2）建立黑名单制度，对素质较差的房东或房客予以惩戒；

（3）建立片警"投诉执法"制度，应社区居民、租客或房东投诉，及时加以处理。

（二）针对"黑民宿"

1. 适当放宽审批标准，办理流程透明化

目前地方政府对于民宿申办流程和标准已有比较清晰的规定，但大部分房东仍反映办证难、程序复杂费时，例如过高的消防标准在规模较小的民宿业中显得不切实际，建议适当降低偏酒店化的审批标准。同时在整个申报流程期间，通过网络平台或短信及时告知和沟通相关问题，使办理流程透明化。

2. 建立适合民宿行业自身发展状况的标准和规范

出台全国性法律法规，对行业进行规范和提升；同时回归民宿本质，防止民宿"变味"。另外，因民宿在主客关系、装修风格、配套服务等方面与酒店存在巨大差异，不应直接套用旅店业管理办法，在立法时需对民宿行业自身特点进行全方位考量和把握。此外，在地方政府出台相关法规的同时，鼓励在一定区域内进行规范的细化，根据不同地域特色更有针对性地进行差异化管理。

（三）针对同质化经营

差异化经营是避免同质化与价格战等恶性竞争现象的必然要求。对于中低端民宿对差异化的概念理解不足这一问题，可从对民宿的审批入手，在标准上对民宿的主题风格、地区特色有所要求，对采取低端酒店模式经营的民宿不予放行或择优放行。同时，在德清莫干山等

民宿行业已经形成较大规模的地区，针对已批准的民宿可采取一定标准进行等级划分与评定，将主题特色纳入重要考量因素，并对等级高的特色民宿给予政策优惠。

政府也可以综合运用财政、税收等手段鼓励民宿行业产业升级，但最重要的还是让市场充分发挥资源配置的作用，让民宿行业实现优胜劣汰。

（四）其他

1. 发挥行业协会作用，形成自我服务与管理的健康组织

民宿行业协会可以借鉴酒店行业协会的组织模式，通过例行的研讨、论坛、培训和考察等措施，对特定区域或同一类型的业内单位进行信息搜集、统一管理，组织业主互相观摩学习、交流经验，以提升整体行业竞争力。地区性行业协会一则可以按照相关法律法规及行业标准进行内部管理与筛选，二则可以提供相关培训或设施配备，形成自我管理与服务体系，更好地展现行业素养。

2. 形成各种服务设施齐全的园区

中低端民宿通常由自住房屋改建而成，缺乏配备与旅游开发程度相匹配的服务设施的资源。可以由政府牵头在指定区域设立民宿集中区，统一进行基础设施建设，如直饮水设施、环保设施等，以避免重复投资，也能缓解业主经济压力。如曾厝垵文创村的政府专职消防队和量身定制的迷你消防车，有效保障了区域内的消防安全。在民宿业较发达的地区，由政府结合当地状况进行一定的服务设施建设，或由自发形成的行业协会筹资建设并共享设施，是完全可行且有益的。

3. 通过交流和教育手段促进行业发展

与酒店业相同，民宿行业同样需要先进理念和高端人才。可以由政府牵头、地区行业协会主办各类民宿行业展会及论坛，由从业

者代表介绍和交流经验。在教育方面,由行业协会定期组织民宿经营管理人才的相关培训,也可以在有条件的高校开设民宿专业相关课程供从业者深入学习。多管齐下,提高民宿行业的整体素质和服务能力。

上海、深圳两地儿童安全座椅立法问题调研

团队：清华大学
团队成员：胡怀宇、肖喆俏、刘楷渝、武佩瑶、张艺凡、杨海鹏、
　　　　　胡啸
指导教师：余凌云
时间：2018年

　　儿童安全座椅关乎儿童乘车安全，全国性立法必要性不言而喻。然而有两个最重大的问题亟待解决。其一，儿童安全座椅的全国性立法应采取鼓励性还是强制性的规范？其二，儿童安全座椅的推广普及该从何处入手？

　　本篇调研报告以立法先行市上海、深圳两地的实践经验为基础，从法律如何制定到市场质监、宣传推广等领域如何配合法律的实施，力图勾勒出儿童安全座椅立法的未来发展趋势。

　　本文认为，现阶段儿童安全座椅在全国范围内应采取鼓励性立法。此外，一方面要通过提高市场产品质量和推动质量标准升级来促进整个行业的健康发展；另一方面要通过有关宣传推广，让家长认识到儿童安全座椅的重要性，愿意为孩子的乘车安全去主动配备和使用

儿童安全座椅。

立法规范梳理

为了进一步加深对儿童安全座椅立法的探讨，将国外多个国家的立法状况进行一个横向比照，本文总结出几种程度不同的儿童安全座椅立法模式。

在对立法模式进行分析时，本文按立法的主体和层级属于国家整体层面还是地方层面对立法做出首要判断，在此基础上再根据立法实施的情况去检验实效。

这种"二加二"立法模式分类的好处，在于首先能够确定出立法的主体，能更明晰地确定法律的层级，在立法、执法、修法等过程中更加直接；同时将儿童安全座椅的法律实施状况分开考虑，能适应一个国家或地区立法在实际中的推行和变化，也能针对不同的情况提出有效的建议。

实际上，儿童安全座椅在立法模式上的横向差异更多体现在不同国家表现出的细化立法内容之中，儿童安全座椅的法律法规在其内容设置时也会有分类。综合来看，主要包括以下几种：（1）以身高、体重等儿童生理成长指标划分作为具体法律条文的分类标准；（2）以年龄为固定而硬性指标作为具体法律条文的分类标准；（3）以车辆类型的不同作为具体法律条文的分类依据标准；（4）从儿童安全座椅的产品质量、市场推广、部门协作等多方面切入考虑。

我国正式提及儿童安全座椅推广的全国性文件为2016年8月发布的《国务院办公厅关于印发国家残疾预防行动计划（2016—2020年）的通知》。此后为响应该号召，2017年安徽、广东、上海三省在其关于印发残疾预防行动计划的规范性文件中皆提出要"推广使用汽车儿童安全座椅"。

而正式将儿童安全座椅规范写入法条，只存在于地方立法。其中又分两类规范性文件，一类为未成年人保护条例，另一类为道路交通法。

苏州市最早在2013年1月15日颁布的《苏州市道路交通安全条例》中规定了"鼓励配备、使用符合国家标准的儿童安全座椅"，但条文表述较为粗略，对于目标人群、规制车辆、规制路段均未详细描述。

在罚则规定方面，深圳立法开创始例之后，上海亦规定了处罚，"在高速公路、城市快速路等高等级道路之外的道路"违反条例但不造成严重后果者处以"口头警告"，"在高速公路、城市快速路等高等级道路"违反条例但不造成严重后果者处以"书面警告"。

在未成年人法律体系内立法的共有五个地区（按时间先后排序）：上海市（2013年12月）、海南省（2015年11月）、江苏省南京市（2015年12月）、广西壮族自治区（2017年9月）、湖北省武汉市（2017年11月）。但这五个地区在未成年人法律体系内的立法均未设立明确罚则。

如上所述，很多地区都对儿童安全座椅的立法做出了探索。其中，上海和深圳作为立法的先行市，具有一定的代表性：深圳首个对儿童安全保护法规加以具体罚则配套实施，凸显了法条的强制性；而上海在《未成年人保护法》和《道路交通安全法》两部法律体系中都对儿童安全座椅的配备和使用进行了规范，并辅有相对应的内部和外部执法指南，因而形成了一个具有代表性的法律体系。

深圳作为经济特区，具有在不违背宪法基础上的特区立法权。在2014年，立法推行儿童安全座椅就成为正式提案交由当地常委会审议，并在两次修改后于2014年10月30日正式通过。

上海针对儿童安全座椅的相关法规更加复杂，包括《上海市未成年人保护条例》《上海市道路交通管理条件》的相关规定及其两条具体细则和内部执法指南。这构成了一个比较完整的体系，值得其他地区学习和借鉴。

先颁行的《上海市未成年人保护条例》作为倡导性立法在具体执行过程中难以达到预期成效，上海整年的相关执法仅50多次，这也使得上海人大对于儿童安全座椅立法的性质认知更多地偏向倡导性而非强制性。但若法律条款不强制执行，上海交警总队作为执法部门在实际操作当中也会陷入两难：一方面，条款可能沦为一纸具文；另一方面也会构成相关行政部门的不作为。

无论是深圳还是上海，执法的核心不是惩戒，更多的是宣传和教育，立法的目的是使儿童安全的保护能够真正落实到位。这也成为上海交警在现场执法过程当中判断的标准。只要交警部门的执法能起效果，结合国情采取刚性规定＋柔性执法的模式也未尝不可。

鼓励性立法

深圳和上海两地在制定相关法律法规时，均选择了将其定位为任意性条款而非强制性条款的做法。在此次实地走访调研的基础上，我们将从成本高昂、效益有限、执法困难、意识缺位、市场不成熟等几个方面论证该条款在现阶段益作为任意性条款的结论。

我国目前并没有统一的关于儿童安全座椅的单独法规，若要采取强制性的立法，就必然要求下位法对具体的执法程序、标准和手段进行详细的规定和补充。因此带来的下位法的立法需求就会陡增，占据了相关部门在更多更紧迫问题上的立法精力和资源。基于这样的考虑，两地人大在立法时并未对安全座椅条款进行更多的补充，而是让其成为任意性、倡导性的法律条款，规避了众多在现阶段还不必要的立法成本。

除立法成本外，强制性儿童安全座椅法规也存在执行成本高昂的问题。不同于可用电子警察进行前排拍摄的安全带检查，由于儿童安全座椅存在后排使用的特殊情况，强制性检查只能通过交警等执法部门设卡排查等现场执法形式，这其中对于交警警员人力、道路公共资源的占用不可谓不大。同时，在执法过程中需要同时对乘车儿童的年龄、安全座椅是否正确使用安装等重要问题进行确认，单独车辆的执法资源占用也十分高昂。

上海市交通委员会从实践层面上指出了安全座椅的效益有限。儿童安全座椅的保护功效局限于一定的车速之下，车速过快时任何保护措施都很难发挥保护作用。而在上海等大型城市市区，出于限速、拥堵等原因，城市车辆平均车速远低于致死车速，因此即使发生交通事故也很少危及乘客生命，传统的安全带、家长手抱、坐后排等方式足以保障儿童生命安全。

如果立法涉及公交、出租等公共运营车辆，一方面很少有家长会选择携带过于幼小的儿童乘坐公共运营车辆；另一方面，鉴于公共运输系统对车辆安全防护的特殊要求和对驾驶员的特殊培训，公共运输系统本身也较少发生安全事故。因此综合而言，公共运输系统采用安全座椅的效益也将十分有限。

从执法角度而言，一次执法，能够碰到携带儿童、儿童年龄符合法定要求、未配备或未乘坐安全座椅的车辆，并不是一个大概率事件；再加上如果是设卡检查，家长可以采用让儿童暂时下车，假装未载儿童等简单规避检查的方式，因此强制性立法下的执法过程，很难保证能够取得足够的社会教育效果，也不能保证执法中没有漏网之鱼，执法效益并不高。

立法虽然能够帮助民众实现对安全座椅重要性的认知和购买，但却很难保证民众能够主动去坚持使用以及正确使用。如果贸然采用强制性立法，使用强硬的处罚措施，一方面不适应广大家长缺乏儿童安全座椅相关知识的现状，另一方面法条很可能沦为具文。相比立法强推，更重要的是通过宣传教育培养出模范家长。而在实地座谈的过程中，我们也发现，在民众相关安全意识较弱的当下，鼓励性立法是更科学的。

深圳、上海两地在经过数年儿童安全座椅立法、执法的实践后，进一步深化了当地立法、执法部门的共识：儿童安全座椅当前只应作为倡导性立法。这个从学术上能够推理，在具体实践中得到验证的结论，应该成为我国其他地区立法的重要参照。事实上，在倡导性立法的影响下，深圳、上海两地市民对儿童安全座椅的认识、了解和使用呈现出一个虽缓慢但终究是上升的趋势。因此，我们也不宜过度贬低或轻视倡导性立法的力量。即使是在明确其为倡导性立法的前提下，沪深两地的执法部门依然尽职尽责地和学校、媒体合作，开展了丰富多样的宣传教育活动，开展多起科学有效的执法活动，并没有因其法律性质而敷衍懈怠，展现了一个政府部门良好的行政责任感和事业心。

结合深圳、上海的实践，我们建议倡导性的安全座椅立法采取未成年人保护法和道交法的双轨并进。既体现对婴幼儿、少儿群体的关怀，又落实道路交通的主体责任，同时，还能为今后向强制性立法的转变做好在相关领域的铺垫。

立法条文探讨

目前在国内的部分城市和地区出台的一批具有代表意义的法律法规为保护对象设立的判断标准尚不统一。可以看到大部分法规选择以年龄为唯一判断标准，如上海、山东、深圳、海南、广西等地的相关法规均使用了"未满四周岁"或"四周岁以下"等描述。而值得注意的是《杭州市道路交通安全管理条例》（2016年修订）在描述保护对象时表述为"4周岁以下或者身高低于1米的儿童"，其同时运用了年龄和身高两个标准作为判断依据。

立法判断标准与产品质量标准的衔接是必然之势，这样的衔接不仅对家长选购儿童安全座椅有指导意义，对儿童安全座椅市场有间接规范意义，同时会进一步推动立法标准的分层和细化，使立法标准与质量标准的一致性更高，从而使各地的立法标准达成统一。

不可否认，使用儿童安全座椅是发生交通事故时保护儿童最有效的手段之一，要求儿童可能搭乘的每一种交通工具都装配儿童安全座椅无疑能更好地保证儿童的安全，但是这也会产生巨大的社会成本，儿童安全和社会成本之间应当如何权衡，是运营车辆儿童安全座椅立法必须考虑的问题。

针对不同种类的运营车辆，立法要求在车上装配儿童安全座椅的可行性如下：

1. 城市公交、长途客运车、出租车、网约车，综合尚无较大需求、无客观安装条件、与其他乘客的利益发生冲突、儿童安全座椅不一定能保障安全等原因，我们认为在运营车辆上立法要求安装儿童安全座椅并不合理。

2. 租车作为市场行为，有着较大的自治空间，承租人可根据租车人要求提供安全座椅，作为增值服务，目前上海也有租车公司提供相关的服务。然而对于立法者来说，租车是承租人和租车人之间的契约关系，立法不应该过多干预。

3. 旅游包车属于长途客运汽车概念下的一个小类，但是因为其通过缔结合同的方式经行交易，所以有更大的自治权利。考虑到目前为止没有可以装配儿童安全座椅的大巴车，所以目前该车型也不适合立法要求配备儿童安全座椅。

参考国外儿童安全座椅立法，其亦未特别标明规制路段，但在具体实践中实为默认全路段。其中原因亦不难知晓。第一，由于儿童作为保护群体的特殊性，虽然有些路段行驶速度较低、事故率较小，但不意味着没有安装安全座椅的必要。同时法律规范涉及车辆为私家车，并非长途客运汽车和公交车这类行驶范围受限的车辆，故不存在路段之间的互异性。第二，值得注意的是，儿童安全座椅的安装与拆卸均需耗费一定时间，由于其中存在的困难，划分不同路段进行管理最终也只会通向全程安装这一个结果，不会产生什么实际影响。第三，从管理角度来讲，若非全覆盖，则容易在城市与城市，区域与区域间造成管理断裂。

决定儿童安全座椅立法是倡导性还是强制性的关键点在于是否存在处罚规定。在处罚这个问题上，存在两大难题，一为是否要处罚，二为以何种方式处罚。这两个问题皆直接关系儿童安全座椅立法的强制力度如何，故至今无论立法部门还是学界对此均存在颇多争议。

总的来看，这两大问题的解决仍最终取决于地区立法阶段，发展水平和民众认知情况等要素。若设置处罚条款，必然有相应豁免条款存在。一为特殊车辆的豁免，二为特殊人群的豁免。

为使处罚条款实质性生效，有效的执法手段也是立法条文背后的关键所在。参考上海和深圳两地的执法经验，部分有用的措施如下：

（1）执法方式：现场执法为佳；

（2）执法地点可初步选择为高速公路检查站或高速路段路口（定点检查），后在其他普通路段或事故高发路段亦可采取静态（定点执法）与动态（路边巡逻）相结合；

（3）执法时间：可选择日常执法与专项整治（如在小学和幼儿园开学前进行定期、集中的专项整治）相结合；

（4）判断方式：在现有仅以年龄为判断标准的前提下，初步采取高速公路站点或高速路口定点执法会较为适当，由于停车间隔较长，经过专业训练的执法人员较容易判断儿童的年龄。执法人员可检查父母身份证，通过信息系统调取儿童相关信息比对。如技术尚不成熟，可要求父母提供孩子的身份信息（可设定期限，进行事后证明），证明孩子的年龄，若无法证明则予以适当处罚。

立法配套探讨

在明确鼓励性立法的思路之后，我们应该采取相应的配套措施以配合立法有效实施。首先，是市场和质监配套。其次，是宣传和推广配套。

这也意味着在质量标准的制定修订需要政府、企业及相关专业人员更充分地协商和探讨，这在目前已经初具雏形。政府基于公共利益的考量，引导质量标准逐步提高；企业在具备前沿创新技术的同时，未必愿意看到强制性标准提升过快；专业人员则能够提供专业知识和有力见解。三方协同，为了儿童乘车安全的共同目标努力奋斗，方能实现三方利益的最大化。

法律制度来源于社会，终究要回到社会，产生良好的效用才具有价值和生命力。我们发现，尽管深圳市和上海市早有儿童安全座椅的法律规定，但是其法律实施的结果却不尽如人意。法律进入社会的过程离不开一套全面的、有效的宣传和推广模式。我们查阅了儿童安全座椅法制成熟国家的经验做法，发现其宣传和推广配套对儿童安全座椅取得良好社会效果有重要意义。

在宣传和推广方面，各机构、组织之间的协调、配合与联动十分重要。由于学校职能的特殊性，决定了学校不会有专业的人员来宣传推广专业的儿童安全座椅知识。那么，社会组织、政府等一些专业的、宣传力量较强的组织、机构就要加强与学校的合作，定期到学校开展宣传、讲座等，这样能够弥补学校专业能力不足的缺陷。

最重要的是，最好由一个专门的政府部门来负责儿童安全座椅宣传推广的牵头工作。在2018年的国务院机构改革与职能转变方案中，新设立了国家卫生和健康委员会这一机构，负责我国的卫生和健康事业，各个地方的机构改革也是要在该地区新设这一机构的。让这一机构统一负责，并且与其他的政府部门、社会组织等来进行沟通交流，来统一负责儿童安全座椅的宣传推广，这样会让其变得高效许多。

总之，儿童安全座椅的宣传与推广是一项繁重的事务，需要各个机构、组织之间的协调、配合、合作，只有这样，才能够真正形成合力，才能够真正做好儿童安全座椅的宣传工作，才能够让儿童安全座椅真正走进千家万户，保障祖国下一代的健康成长。

结论

在综合上述所有分析的基础上，我们对儿童安全座椅立法在中国的推进提出了两步走的战略建议：第一步，由中央进行鼓励性立法，并授权地方进行自由裁量；第二步，地方在结合具体实际的基础上向强制性立法过渡，并最终实现中央强制性立法。

儿童安全座椅立法任重道远，我们要充分尊重这一立法问题自身的规律性，决不可寄希望于"毕其功于一役"。这将是一次来自社会各界的大联动，体现的是现代法治国家上至庙堂、下至江湖的深刻对话与携手共进；这也将是一次影响深远的立法活动，深入每一个家庭，去保护百姓内心最温柔的角落。

互联网消费金融产品法律规制与风险防控
——以蚂蚁花呗、京东白条为例

团队：武汉大学

团队成员：卢泉竹、董渊喆、方怡婕、孙泽杭、肖扬

指导教师：袁康

时间：2018年

互联网消费金融产品是金融机构提供的金融服务产品，它以互联网为交易平台，满足消费者对最终商品和服务的需求。近年来，以电子商务巨头为代表的互联网公司已经积极进入互联网消费金融市场。京东推出京东白条，阿里巴巴推出蚂蚁花呗，唯品会推出唯品花……在旅游、医疗、农村、教育、房地产和汽车等领域，互联网消费金融的发展也是一片红海。针对这一热点，本文以蚂蚁花呗、京东白条为具体研究对象，探究互联网消费金融产品的风险防控与法律规制手段。

何为"互联网消费金融产品"

近年来，互联网金融公司利用其庞大的客户群，逐步掌握大数据技术的优势，提供各种创新的消费金融服务。面对互联网金融的影

响,传统消费金融机构的经营理念和商业模式也在发生变化。

2013年11月14日,《消费金融公司试点管理办法》通过。它将消费金融定义为向中国个体居民提供小型、分散,以消费者为导向的金融服务。其中并不包括"收入、支付、储蓄与投资等"环节。该立法旨在规制当下消费金融的借贷乱象,故将消费金融公司限定在非银行机构。然而,我们应当看到,传统消费金融,如支票、信用卡的发行主体主要是银行等金融机构,因此,我们的研究项目将消费金融的主体定义为一般金融机构,而不是银行金融机构或非银行金融机构。我们认为,消费金融是金融机构提供的金融服务,以满足消费者对最终产品和服务的需求。

消费金融产品是从金融机构提供的金融服务中获得的相关产品,以满足消费者对最终产品和服务的需求,并且是服务的终结。互联网消费金融是一种由互联网提供的金融服务,作为满足消费者对最终商品和服务需求的平台。相应地,互联网消费金融产品是以互联网为交易平台的金融机构,提供金融服务产品以满足消费者对最终产品和服务的需求。提供互联网消费金融服务的机构主要是互联网金融公司。

有学者认为,互联网消费金融产品,如京东白条和蚂蚁花呗,在很多方面与银行信用卡有相似之处。但是,由于它没有实体信用卡作为承运人,因此它是一个虚拟信用卡,这种观点是片面的。第一,信用卡需要有银行发行的管理牌照,而花呗和白条都是企业自己设计的产品,虽然会参照信用卡设计相关功能,但并不能仅仅因功能相似而称之为虚拟信用卡;第二,信用卡的所有损失是通过银行来承担,出现任何坏账,受损失的都是银行,但是花呗、白条类产品的损失都是企业自己来承担,它不会对该国的银行和金融体系造成重大打击。因此,互联网消费金融产品不是虚拟信用卡。

花呗、白条产品属于债权凭证。以京东白条为例,首先,京东作为发卡人,基于小白信用分给予白条用户一定的透支额度,允许用户在额度范围内消费,这与《合同法》中的贷款关系类似。此时,京东作为发卡人实际充当的是借贷关系中的债权人的角色,而白条的持卡人则是借贷关系中的债务人。其次,白条的用户在京东商城购物后使用白条进行支付,在京东商城与白条用户之间形成买卖合同关系,使用白条进行支付意味着买卖合同关系的成立。因此,其应当属于债权凭证,属于债权范畴。

互联网消费金融产品是赊购还是互联网消费信贷取决于互联网消费金融企业自身的运作模式与资金流转方式。京东白条与蚂蚁花呗便是典例,京东白条是赊购,蚂蚁花呗是互联网消费信贷。

一般来说,不能通过揽储的方式获得资金的企业,通常是以自有资金和融资作为资金来源。重庆市阿里巴巴小贷公司是蚂蚁金服的全资子公司,当我们通过蚂蚁花呗买商品时,其实资金是先由重庆市阿里巴巴小贷公司垫付的,它的资金来源主要由银行借款、自有资金和资产证券化三部分组成。

而花呗与白条的收入主要是借款产生的利息收入和逾期利息收入。借款产生的利息收入是在开始分期时计算总额,购买方在每一期还款时支付本金和手续费。逾期利息收入是用户在逾期后按照协议规定而支付的费用。

产品的市场现状及所存风险

由于互联网的高速发展,立法滞后性与不完备性在互联网消费金融领域体现出的劣势与问题越发明显。互联网消费金融机构的准入标准之模糊、法律规定之缺乏、监管主体之混乱等导致越来越多互联网消费金融机构在互联网消费金融业务缺乏风控。

风控制度的缺失导致机构无法对消费者的拖债行为进行有效的管控，行业坏账率居高不下；由于消费者多为无央行征信数据的用户，用户信用无法保障，坏账率不断升高。针对此现象，为了遏止坏账率对企业利润的恶性影响，互联网消费金融机构往往采取针对消费者提高借贷利率的措施，或者快速增加新用户，增加分母，快速融资和抵消坏账。

提高借贷利率的措施带来的恶劣影响是巨大的，利用对于消费者而言复杂的利率计算模式，大部分互联网消费金融机构对消费者所设定贷款利率通常计算为《最高人民法院关于审理民间借贷案件适用法律若干问题的规定》中对于利息上限规定之36%利率限制。随之而来的问题即有不堪重负的大学生或由于沉重利息而负债累累的普通市民跳楼自杀等严重影响社会安定的社会显性现象。

由于征信体系的不完善，互联网消费金融机构往往缺乏消费者的完整信用信息，无法采取有效措施对借贷客户类型进行筛选，也无法对其还贷能力进行准确有效的评估，导致客户人群信用"高危"现象不断恶化。互联网消费金融机构之极端者采取暴力催收手段，消费者之极低信用与赖账，皆给社会安定带来严重破坏。

通过搜索关键字，在互联网上查找关于大学生借贷自杀的新闻，大学生因巨额负债利息或暴力催债等原因自杀的案例，仅2017年一年就有十几起，或有未经媒体报道的案例尚未被曝光。

大学生消费者的较低还债能力与大学生互联网消费金融交易规模的迅速扩张、大学生消费需求的不断膨胀势必成为一对难以平衡的矛盾。互联网金融方面法律规制的缺乏已对金融消费者造成不利影响，随着时下互联网消费金融规模的不断扩大，金融消费者权益保护将更加困难，社会矛盾的激化与金融市场的波动也难以避免。现阶段金融消费者在权益保护方面仍处于弱势，而针对新兴互联网消费金融机构产品的法律规制仍亟待完善。

首先，消费者的受骗大多都存在受害者防范意识薄弱，对互联网消费金融产品的认识仍然存在空白或缺漏，无法正确定位互联网消费金融产品及其使用方法，导致诈骗方有机可乘。

其次，正如信用卡的套现问题一直难以解决一般，有着虚拟信用卡功用的蚂蚁花呗等消费金融产品同时也存在着套现等问题。再加上其以互联网的庞大数据为依赖基础，套现及个人信息泄露等严重危害社会安全与稳定性问题将成为互联网消费金融公司需要解决的难题之一。

最后，《刑法》中关于套现等违法犯罪行为的规制仅适用于信用卡，而此类依托于互联网且并无实体存在的互联网消费金融产品尽管实质类似虚拟信用卡，然而司法实践上仍有部分学者认为其为借贷行为。学说的不统一及立法的滞后性导致立法体制存在漏洞，对违法犯罪行为的规制也越发艰难。

当前存在的市场环境对互联网消费金融产品的发展来说，存在着多方面的风险。不仅包括因缺乏完备的立法体系、法律滞后、政策缺乏稳定性等方面的法律风险，还有源于受监管的主体资格之混乱、市场准入标准之模糊、监管主体之缺乏等方面的监管风险，而且因互联网金融行业信用信息共享的缺乏，导致"老赖"、多头借贷、欺诈、重复借贷等现象泛滥，进而带来了征信风险。

对法律监管和风险防控的建议

互联网消费金融产品的消费者在本质上属于《消费者权益保护

法》中的"消费者",应当纳入《消费者权益保护法》的保护范围。

2015年11月,国务院办公厅发布了《关于加强金融消费者权益保护工作的指导意见》,这是我国首次从国家层面部署金融消费者权益保护问题,但是指导意见未界定金融消费者概念。2016年12月27日,央行印发《金融消费者权益保护实施办法》,将金融消费者定义为"购买、使用金融机构提供的金融产品和服务的自然人"。2017年11月9日,天津市互联网金融协会印发《关于加强互联网金融消费者权益保护工作的指导意见》(以下简称《意见》),首次明确了互联网金融消费者的概念。

《意见》将互联网金融消费者定义为"指购买、使用互联网金融从业机构销售的互联网金融产品或者接受互联网金融从业机构提供的相关服务的自然人"。再结合《消费者权益保护法》第二条的规定:"消费者为生活消费需要购买、使用商品或者接受服务,其权益受本法保护;本法未作规定的,受其他有关法律、法规保护。"对比《意见》与《消费者权益保护法》对"互联网金融消费者""消费者"的规定,不难发现《消费者权益保护法》与《意见》对互联网金融消费者的定义存在共性与个性之间的逻辑关系,因此,将互联网金融消费者纳入《消费者权益保护法》的保护范围自然成为应有之义。

同时,基于互联网消费金融的特殊性,应该从《消费者权益保护法》中规定的消费者所享有的安全权、知情权、自主选择权、公平交易权、索赔权等方面对互联网消费金融的消费者进行司法救济。

基于上述研究,我们对互联网消费金融产品的法律规制与风险防控提出了对应的措施建议。对于监管部门,我们建议完善牌照管理制度,进一步完善互联网消费金融相关法律,健全互联网消费金融行业制度规范,切实维护消费者权益,加快构建互联网消费金融社会共治建设；对于金融公司，我们建议进一步健全互联网消费金融企业的风险防控体系，加强客户数据保护，完善AI系统与催收程序，组建小贷公司的技术与风险管理团队，建立健全风险控制模型；对于金融消费者，我们建议完善金融知识传播手段，构建消费者监管体系。

第四章

教育文化类

城市托幼服务对重建人口红利的影响
——基于家庭生育意愿及托幼现状的调查

团队：厦门大学

团队成员：池沁枏、葛佳宜、倪晓畅、林雅君、来鑫、范怀远、郑林颖

指导教师：唐美玲

时间：2017年

当前，我国人口的主要矛盾已由增长过快转变为人口红利消失等问题。同时已有研究表明，儿童照料是制约家庭生育的重要因素之一，0—3岁婴幼儿的早期教养受到了政治层面、学界及个体层次的普遍重视，但相关服务的提供及市场现状仍不容乐观。机构托幼服务的存在，较大地满足不同阶层家庭多元托幼服务的需求，基于现阶段乃至未来的国家人口发展政策，很大程度上可估计到的新生婴儿数量的增加将使得公共托幼服务的市场需求增加。因而，调研组希望对托幼服务行业及其对未来我国人口的影响进行调查。

由此，本文以厦门、福州和上海三市为样本，采取访谈、问卷等方法，了解各城市托幼服务的现状，并对厦门、福州两地育龄家庭的

生育意愿及其对托幼服务的需求要求等进行定量分析。结果表明，城市托幼服务正在兴起，上海市发展尤为快速且体系较为完善，福州、厦门则尚未成体系；儿童照料一定程度上制约了家庭的生育，家庭托幼服务需求大但机构服务提供不尽如人意；托幼服务市场发展前景广阔，但急需社会资源、法律规范的介入。调研组从社会学及经济学等角度阐述城市托幼服务对重建人口红利的影响，就完善托幼服务提出"完善相关法律制度"等相关政策建议。

城市托幼服务的现状

（一）上海城市托幼服务日渐完善

上海市托幼机构总体水平处于国家前列，但是在本市内各个机构的层次水平存在较大差距。值得一提的是，上海高端托幼发展得较好，而社会普通托幼也十分普及。

2017年，上海市政府把新建20家公办社区托幼点列入实事项目。截至我们上海调研期间，有2家社区托幼点正式投入使用。社区托幼点的设立要遵从设立的一系列标准，包括场地选取、设施布局、师资培训、师生比等。在收费上，也将严格控制，预计将在每人每月3000元以下。与民办托幼机构相比，上海的社区托幼点有以下几点优势。首先，社区托幼点收费标准较为统一且价格较低；民办机构收费高低不一，没有一个全行业都可以适用的收费标准。其次，社区托幼点相关的监管更加严格，这也能为婴幼儿家庭提供更多保障。虽然社区托幼点的规划十分美好，但是在现实实施过程中还是有许多问题。2017年已过了三分之二，但是原计划开办的20家托幼点现在也只成功开了两三家。在我们与上海市虹口区妇联副主席张青女士的沟通中，也了解到了社区托幼点开办的一些障碍。由于该项目对于场地和安全等有严格的要求，所以在寸土寸金的上海市内要找到这个能符合条件的地点比较困难。而且也涉及拆迁等敏感问题，关于土地问题的不统一很大程度上耽误了托幼点设立的进程。妇联虽然作为一个牵头部门，但是由于职权划分在这个项目中也不是属于主管单位，在权力的使用上还是有一定的约束。

上海市的民办机构总体发展水平高于其他城市。从婴幼儿入托年龄门槛来看，民办机构能够接纳低龄婴幼儿，通常18个月就可以入托。相比于社区托幼点2岁以上入托的年龄限制，民办机构为家长们提供了更多选择和便利。由于上海市国际化水平发展较快较好，0—3岁托幼机构的外教参与度很高，因此是否有外教也成为收费标准的一项指标。包含外教的中高端托幼机构收费在7000—10000元，而不包含外教的中高端托幼机构收费在3000—5000元。可以看到，民办机构的收费标准普遍和提供的服务挂钩，机构和家长相当于一种经营者和消费者的关系。而在服务内容上，除了常规的生活起居照顾，也很注重婴幼儿的心智开发，提供了一系列相关课程。不过，从队员们的上海实地调研来看，此类托幼机构多设立在商场内，总建筑面积和幼儿园相比小很多，几乎没有室外活动空间；并且商场人口流动性大，消防和卫生问题需要进一步完善。2017年夏天，上海市加强了对此类民办机构的监督和管理。这也导致这类机构犹如"惊弓之鸟"，在接受我们的采访时也十分谨慎。《中华人民共和国民办教育促进法》修改决定自2017年9月1日起施行，不设置统一的过渡期。相信在国家有力的管理监督下，民办托幼机构会发展得越来越好。

综上，上海市托幼机构现状是托幼机构普及度高并且呈精品化趋势。

（二）厦门、福州两地城市托幼服务迅猛发展

总体来说，厦门以及福州市托幼机构的服务水平居国内前列，但

相较于一线大城市发展还存在一些困难和阻碍，包括经济因素、社会因素、文化环境因素等。

基于国家的二孩政策在国内引起的冲击，越来越多的人专注于新生婴幼儿产品与服务市场，国内各省市也开始创设良好的人口发展的政策环境。以厦门市为例，厦门市政府拟定的《厦门市中长期教育改革和发展规划纲要（2010—2020年）》就指出要着重解决托幼难题，并且先后组织了0—3岁婴幼儿早期教育指导师资培训。实地采访调研中，未接受过托幼服务的受访家长普遍反映对于现在的托幼服务机构存在很多顾虑，其中大部分家长表示不放心送小孩子去机构里面托管。安全问题是家长们考虑得最多的事，包括安保安全、饮食卫生安全、消防安全以及小孩子的托管安全等，所以家长们普遍对市面的托幼机构持有怀疑态度。但已经接受过托幼机构服务的家长们纷纷表示对目前托幼机构服务持肯定态度。通过观察，我们发现，家长们和机构的老师之间沟通交流和反馈都十分顺畅。这些机构较为重视人员资质、配套硬件设施，并且市场化的托幼机构普遍都比较注重信誉和口碑，都希望与家长们建立良好的互动关系。队员们也深入各机构进行亲身体验，感受了亲子课堂和兴趣培养课程，直观地感受到机构工作人员在面向0—3岁婴幼儿开展此类活动采取的引导方式。机构工作人员能和孩子们亲切地打成一片，换位思考，用孩子们的交流方式来融入其中。

在入托年龄方面，普遍门槛为一岁半以上。托幼时间为早上九点至下午四点左右，基本契合家长的工作时间。但是此类机构主要业务还是早教课程，托幼则作为较次要的业务。

厦门市和福州市对托幼机构服务的需求比较大，市场上的托幼机构公办和民办并存，其服务质量良莠不齐，存在资源的错配。整体水平在全国位于中流，处于不断向前发展的趋势。

城市托幼服务密切影响生育意愿

过半子女正在或曾经接受过托幼服务的受访者对于托幼服务满意度仅为"基本满意"，说明托幼机构在某个或者多个方面未达他们的预期，尚有改进的空间。

经过数据分析，我们得出结论，在自己和家庭成员没有时间精力照料孩子的家庭中，超半数的家庭受社会观念影响或由于对托幼服务不甚了解，会倾向于不生育，而其余家庭表示如果有托幼服务的提供，那么他们将会考虑生育。由此可见，托幼服务的提供对生育意愿的影响还是较大的。

在选择托幼机构时，家长考虑最多的是"卫生环境饮食营养健康""负责照顾的人员资质水平"和"安全管理问题"这三个方面，即托幼服务提供机构在提升服务的过程中，应重点加强这三个方面的建设，才能使更多的家庭认可并接受托幼机构，放心地把孩子托付给机构。

调研结论及建议

（一）结论

调研组通过上述研究分析发现，我国托幼服务的提供存在供给不足，机构软、硬件状况差强人意的问题。在需求方研究中，托幼服务影响生育意愿，托幼需求渐增，但机构现状难以令人满意。供需方现状使得相关机构的发展拥有广阔前景。

1. 托幼未成体系，法律规范缺位

托幼服务供给方中，机构办托条件各异，相应监督及规范尚不明朗，机构的法律性质及法律责任未有明确。首先，托幼机构本身大小及模式不尽相同，托幼机构的收费也是几千至几万不等，市场形态差异较大。并且各市之间托幼水平差异和普及化程度也存在较大差距。相比较而言，以社区方式提供托幼服务的一致性程度较高，其收费及管理也具有更为严格的标准。但由于政府支持力度的缺乏，社区办托幼机构还屈指可数。其次，现有法规未对托幼机构的办托条件和办托资质做出明确规定，机构师资流动性大，且大多数缺乏专业的资格证明，无法确保照料及教育的质量。最后，目前托幼机构的监管机构不明，致使机构的法律地位及法律责任不明确，供需双方维权均存在困难，追责无明确依据。

2. 渐增托幼意愿影响生育，滞后托幼服务急需完善

托幼服务的需求方中，处于儿童照料困境而生育意愿受限的家庭中，对于愿意选择托幼服务具有显著正向影响；同时，有超过70%的家庭理想子女数大于1，因此如果托幼机构能够满足需求方的现实需要，家庭实际生育子女数将会显著提高，人口红利可逐渐恢复。然而在全样本中，不愿意选择托幼机构的家庭超过半数，源于托幼机构的普及度低及认可度低，其愿意选家人照顾意愿更强，托幼机构无法满足现实家庭中托幼需求。因此，托幼机构的不断完善和改进，才能切实满足家庭托幼需求，重建人口红利。

3. 公共资源投入滞后，机构发展前景佳

在市场化经营条件下，市场不规范程度高，托幼服务无章可循；社区、公办托幼机构凤毛麟角，都显示了当前对于托幼服务的公共财政、政策和资源投入都相对匮乏，与不断出现的托幼需求相比，其投入具有很强滞后性。社会资源的滞后同时导致托幼服务口碑不佳，普及度低，形成非良性循环。而现实市场中，生育子女数的增加和退休

延期、消费高昂等情况成为主流,托幼服务市场缺口明显,供需双方诉求不对等,造成市场两极化严重。通过严格定价、办托、严选师资等方式,平衡供需双方,托幼机构发展前景明朗。

(二)建议

1. 国家加强法律监管

国家要加强0—3岁托幼机构的法律监管,明确落实各项责任。借鉴国内外的经验,结合我国早期教养现状,出台专门针对0—3岁婴幼儿早期教养法律法规。同时,要严格落实现有相关法律的实施,司法机关可以出台法律解释,重视相关案例,编写发布案例研究并加强民众对此的法律观念。

工商部门、教育部门、妇联等机关要联合起来,共同促进0—3岁婴幼儿托幼机构的发展。同时,各个有关部门要明确彼此责任,避免权责范围的交叉重复而造成无人监管的灰色地带。国家要形成一个0—3岁婴幼儿托幼机构的行政管理系统,管理更加规范。例如,改变现有工商系统在0—3岁婴幼儿托幼方面管理范围宽却不具有针对性的问题。目前一部分民办机构不具有教育的资格,但是以咨询教育的名义在工商局注册。工商系统可以和教务系统联合,对民办类的托幼机构进行针对性管理。

设立0—3岁婴幼儿托幼机构创立的统一标准,包括安全设施、卫生、从业人员资格等。加强机构内环境卫生、消防安全等方面的监管。

2. 托幼机构自我管理

托幼服务应该加强自我管理,提高服务质量。儿童是每个家庭的未来,家长对于提供儿童服务相关的机构,往往有着更高的期待,一旦出现人为因素所造成的问题,后果将不堪设想。故而,托幼机构的特殊性质使其无论在经济主体是何的情况下，都应该，也必须是富有强烈社会责任感的机构。

0—3岁婴幼儿的照料相对于成人看护而言，更需要耐心、细心、安全。在当今时代，只有实力才是硬道理。针对家长最关心的"卫生环境、饮食营养健康""负责照顾的人员资质水平"和"安全管理问题"这几个问题，更需要多加重视。

首先，托幼服务机构要加强卫生管理，小孩子的身体较为脆弱，群体聚集更容易加快病毒等传播，这就要求机构把卫生安全问题牢记于心、时刻践行。其次，工作人员作为一个重要因素，应该严格把控其资质，要让家长放心、孩子安心。在招聘过程中，可以设置一些专门的门槛来进行限制，并且要设立绩效监督机制，每隔一段时间就要对工作人员进行评估，确保他们有能力教育和照料孩子。最后，要提高安全意识。在场地选取的时候，要注意消防、建筑安全，平时，要加强工作人员的安全教育培训，在危机发生时能以最快速度疏散孩子以确保孩子的生命安全。

3. 民办、公办齐头并进

民办和公办机构应该共同发展，国家社会资源要平均分配，政策的制定和实施要兼顾这两类机构，不能有明显的偏倚。如在土体规划方面，要给予0—3岁婴幼儿托幼服务行业一些便利，相关部门也应该配合与支持托幼服务的筹办。在税收、信贷方面，能给予托幼服务一些支持。在社会舆论方面也要引导民众，让大家对托幼服务有信任感。只有民办和公办机构和谐地共同发展，在市场上形成良性竞争合作关系，才能促进全国整个托幼大环境的持续发展。

"纸片上"的家国情怀：谱牒文化传承发展研究
——以胶东地区为例

团队：山东大学（威海）

团队成员：王金梦、刘玉、刘一璠、盛聪聪、王文响、曹洪烁

指导老师：韦福林

时间：2017年

谱牒俗称家谱，是记载一个家族世系繁衍之书，承载着祖祖辈辈的记忆，本身就具有辨昭穆，凝血亲，睦宗族的原始作用。

近年来，国内谱牒研究利用蔚然成风，以谱牒为载体的家风建设得到相当重视，以此解决了历史学、民俗学、社会学、遗传病学等领域的诸多问题。但国内谱牒研究普遍起步较晚，谱牒开发利用水平也存在明显地区差异，许多人尚未认识到谱牒的珍贵价值。谱牒与国史、方志并称中华历史的三大支柱，是中华民族悠久历史文化的重要组成部分，蕴含巨大的史料与现实价值。溯其根源，几乎贯穿华夏五千年文明；它内容广泛，形式多样，堪称家族历史的全面记录；它广为流传，存留丰富，全国各民族无不曾修谱著书。但是谱牒作为封建社会的产物，不免打上了一定的时代烙印，存在些许弊端，在新的

社会历史发展阶段，如何发挥谱牒的积极作用，推陈出新，使其符合历史潮流显得尤为重要。

山东作为中华文化的发祥地之一，历史悠久，文化底蕴深厚，是著名的文化资源大省。因此，本次调研我们主要以胶东地区（泛指青岛、烟台、威海三市）市民群体为调查对象，并试图从政府、民间组织、邻里乡亲、公众等多个视角出发，全方位描述胶东地区谱牒文化传承发展。也希望以此加深社会对谱牒文化的认识与了解，为其他地区谱牒传承发展研究提供借鉴。

谱牒改革与新型家谱

1. 谱牒改革

近年来，胶东各地民间修谱进行得如火如荼。据即墨谱牒研究会介绍，目前即墨各村镇大多数族群都已完成或正在进行新一轮谱书续修工作，民间修谱出现明清以来的又一次高潮。在新的时代背景下，新一轮修谱也发生了巨大改革。首先是修谱流程。古时同族群往往聚居一地，修谱便由族长牵头。如今族长这个称谓渐渐淡去，族群分散开来，修谱重任就落到了热爱族群的人身上，他们首先提出修谱想法，称为发起人。在征得族内大多数人同意后，谱牒编修工作正式开始。各村或支系派出代表，组成修谱委员会，也称修谱理事会，各代表分工明确，各司其职。委员会经商讨做出关于修谱的若干决议，制定谱例、财务管理制度等；发布编修谱牒的函，即倡议书，获取族人财力、物力、智力支持。修谱经费多由族人捐赠，遵从完全自愿原则。而后由调查员前往各地登记信息，并交由委员会核实，委员会整理出电子版初稿，确认无误后进行印刷，择日发放到族人手中。

此外还有修谱内容。通过对胶东三市的调研，总结发现新修的谱牒有以下共性：新修谱牒在原谱书基础上进行修改和增删，剔除封建糟粕部分，增加了具有时代性的新内容。新一轮修谱最大的改进是男女同入谱，在旧谱牒中，女儿概不入谱，嫁入女性也仅记录姓氏；新修谱牒摒弃男尊女卑的陈规陋习，是贯彻男女男女平等的一大体现。此外，旧族谱要求凡继子、养子必须注明，且只能上附支录，不可上正谱，新修谱牒删掉附支录，有利于维护族内平等，化解族内矛盾。值得注意的是，董氏新修谱牒不仅增设家训一栏以教育后世子孙，还增加了村容村貌数码照片，并将谱牒制作成电子版，是传统与现代相结合的一大进步。

2. 新型家谱

在谱牒改革过程中，还出现了以《杨氏家谱》为代表的新型家谱。新型家谱由青岛市民俗博物馆原馆长杨乃琛先生设计完成，目前已荣获三项国家发明专利。

新型家谱不仅继承了旧族谱中中华民族优秀传统文化的精华，同时又打破了旧族谱中男尊女卑、女不上谱的陈规陋习，提倡男女平等，不仅续写男系家谱，同时也续写女系家谱；也改变了旧族谱中单纯续写庞大家族分支的做法，而以一个家庭为基本单位，在明族系溯源的情况下，重点填写家庭成员三代的生活、学习、工作及家庭、政治、经济、文化的发展变化情况；同时又增加了健康及遗传疾病的记录，以备后代存查。为了继承和发扬祖辈的优良传统，特增设了家训一栏，由家庭男女主人的双方父母，题赠有益的家训和教诲，以使优良家风代代相传。

在设计和包装上，不仅有文字、表格，而且还将照片、音像制品、CVD光盘、电脑软盘等现代化的文字、音像载体，全部吸收应用在内。由此可以真实生动地记录一个家庭在政治、经济、文化生活等各方面的发展与变迁。

2015年12月,青岛澳门路社区举行论证会,成立了新家谱推广志愿者协会。杨乃琛老先生表示,新家谱能够增强家庭职责感,提高家庭凝聚力,还能推进家庭和谐,监督家庭成员的平时做法,对维护社会和谐也发挥了积极作用。

谱牒开发利用现状

1. 青岛

2011年8月28日,即墨谱牒研究会正式成立,谱牒开发利用工作逐年深入并取得了可喜成果。截至2015年12月底,谱牒资料库存总数达到158姓,合计532种1757册,无论是姓氏还是种类数量均居全省馆藏之最。为了使史志办公室、档案馆、图书馆等部门能够共享资源,研究会多次进行无偿捐赠并将部分谱牒资料制作成电子版。有了谱牒资料的支持,研究会加紧进行谱牒资料编研工作。主要编辑出版了《即墨谱牒》会刊;依据谱牒中的人物传记、墓志铭编写了《即墨历史人物年谱》《即墨历史人物墓志铭》等书籍;从名人轶事与家规祖训中汲取正能量,出版文明礼仪丛书《家和万事兴》;此外,随着即墨农村变城市、村庄变社区进程的加快,研究会想方设法抢救姓氏史料,编辑出版了《即墨村落姓氏概况》等。谱牒研究会还运用"互联网+谱牒"的理念,积极帮助寻根问祖。在即墨市情网设置《谱牒研究》栏目,在新浪网上创建博客"即墨谱牒",随着电子邮箱的建立,寻根信息也纷至沓来,研究会专门建立寻根问祖档案以备查阅。仅2015年,就接待外地寻祖者102人次,电子邮箱接收寻根信息95人次,前来查阅族谱寻根的107人次,圆寻根问祖心愿的19人次。

此外,谱牒研究会与即墨史志办公室相互配合,走出了一条官修民办的谱牒研究之路。随着第二轮修志全面展开，谱牒与志书的联系更加紧密。史志办王洪涛副主任说，研究会的老同志是我们的顾问，谱牒资料也是我们修志的珍贵史料。谱牒研究所取得的成果，吸引了社会各界的广泛关注，市民捐款捐书的热情高涨。即墨市长多次前往调研指导，山东大学、香港中文大学、比利时根特大学等高校学者纷纷前往考察参观并进行学术交流，进一步促进了青岛地区谱牒的开发利用。

2. 烟台

家谱因其独特的历史文献价值，历来都是公共图书馆地方文献的重要组成部分。近年，烟台图书馆重视家谱文献资源的建设，一直把家谱文献资源的征集、开发、利用作为烟台图书馆文献资源建设的重要工作。图书馆不定期举行馆藏精品家谱展，为广大读者提供了家谱纂修学习的机会。同时，烟台图书馆还在2016年4月下旬开展了"烟台图书馆征集家谱文献"活动，半年的时间有效征集到了胶东地区家谱数十种，丰富了馆藏家谱文献资源；2017年4月中旬，烟台图书馆联合全市十多家公共图书馆精选了全市公共图书馆所藏四十余种新中国成立前纂修的精品胶东旧家谱以及少量外地精品家谱，举办了"慎独追远——烟台市藏珍稀旧家谱网上联合展览"，活动利用互联网同步展览，收效良好，为公共图书馆与家谱爱好者的交流提供了机会。烟台图书馆在工作中积极广泛与烟台籍山东省家谱学会会员沟通交流，并建立了深厚的友谊。此外，烟台图书馆还尝试将新中国成立后新编家谱五十余种全部扫描数字化，为人们查询利用提供便利。

3. 威海

我们分别从政府和民间两个角度，深入调研了威海的谱牒开发利用现状。

我们通过威海史志办了解到了政府方面管理谱牒的基本情况，可以看出，威海市政府对谱牒并未十分重视。目前，方志馆的谱牒资料匮乏，7000多本史志资料中，家谱竟然只有十多本，且大多为市民自发捐赠，仅有少数为史志办联系部分有名气的续谱人索取而来。总之，由于人手不够、资金缺乏等问题，政府对于家谱的开发利用还处于起步阶段，出台的相关政策也不多。但政府在未来馆藏建设方面，将会对馆的结构做出调整，也会在谱牒的数据化信息化方面做出努力，相信之后政府方面的谱牒开发利用现状会得到改善。

我们还通过走访续谱人了解了民间谱牒利用的开发现状。据悉，威海市近年来重新兴起了续修谱书的热潮，修谱委员会多由族人自发选举组成，修谱资金也是由族人自愿捐款募得。修谱者出于责任与热爱续修谱书，这种对谱牒的重视使得旧谱更好地保存，而新谱得以延续，更是增添了许多新的时代色彩。与此同时，作为谱牒文化的衍生，宗亲会、谱牒研究会、谱牒文化公司等组织形式逐渐兴起，如丛氏和毕氏都已成立全国宗亲会或研讨会，文登林氏以谱牒为依托的家族文化品牌公司也已进入紧张筹备阶段。这些，都进一步促进了威海谱牒的开发利用。

谱牒文化发展面临的问题

1. 部分人对谱牒文化认识不足，甚至高压打击

在走访过程中我们发现，无论年轻人还是年长者都存在对谱牒文化认识不足的问题。在许多人眼里，谱牒仅仅是一本花名册，而部分年长者受"文革"时期"破四旧"的影响，视谱牒为封建残余，唯恐避之不及。此外，据即墨谱牒研究会介绍，烟台市莱阳县也曾效仿即墨建立谱牒研究会，却以沾"谱"沾"牒"皆为封建为由被叫停，谱

牒文化发展之困难可见一斑。

2. 研究人群偏向老龄化，青年人参与度低

就从事谱牒研究工作人员年龄来看，普遍存在老龄化现象。即墨谱牒研究会由退休老干部自发组成，最年轻的也已逾耳顺。他们虽有丰富的阅历和知识储备，但时间精力毕竟有限，无法完成长途奔波的调查工作。而调查发现，对谱牒资料不了解、接触机会少，是导致青年人参与度低的主要原因。

3. 谱牒收藏与开发方法陈旧

纵观全球经济社会，这是一个"互联网＋"的时代，尽管电子数字化家谱已经出现，但还未大范围深入应用，绝大多数新型谱牒也仅是将部分谱牒制作了电子版；且谱牒开发基本局限于纸质资料，未能很好地适应互联网时代。谱牒研究局限于其基本内容，有待继续拓展。

4. 谱牒收藏机构职能划分不明确

目前谱牒在各地史志办公室、谱牒研究会、档案馆、图书馆等部门和机构都有收藏，导致谱牒资源分散，查阅起来多有不便，不能有效发挥其职能和作用。且在多个机构面前，有捐赠谱牒意向的民众往往不知作何选择，导致谱牒的搜集和收藏也出现困难。

小结

无论是政府、谱牒研究机构、民间修谱者还是普通民众，都对谱牒文化评价颇高，但对于谱牒文化的了解程度与探索角度略有不同。

从政府的角度来看，谱牒文化的发展既有利于打造史志界的"即墨"品牌，扩大即墨地区影响，又有利于建立良好市风，促进社会和谐。同时，在党中央大力提倡传承发展优秀传统文化的今天，发展谱

牒文化是紧随时代潮流的表现，也是一个城市在努力保护其发展的牢固根基。但由于谱牒的特殊性，注定了政府只能是引导者，而不能成为掌控者，这个度则需要政府好好把握。

从谱牒研究机构的角度来看，谱牒是巨大的文化宝库，是来自远古祖先的神圣馈赠。对于谱牒文化，目前国人开发的只是冰山一角，利用度仍然不高，谱牒研究尚有很长的路要走，只要后继有人，随着社会的逐渐发展进步，谱牒的价值就可以被不断深入挖掘，进一步开发利用，造福人类发展。

从民间修谱者的角度来看，修谱修出了族内和谐与团结，将谱牒中蕴含的人生哲理，家风族风以几近行为准则的形式传承给子孙后代，鞭策青年们以更加高昂的姿态投入到生活中去，努力成长为有利于宗族和社会发展的高尚人才。但如何抛却谱牒文化中的封建迷信、腐朽思想，使谱牒更好地体现时代特色，符合社会发展趋势，趋利避害，则需要每个修谱者的共同努力和自身的不断学习进步。

从普通民众的角度看，多数民众对于谱牒文化不甚了解但饶有兴趣，谱牒文化的发展具有光明前途，大多数民众认为当代有传承发展谱牒文化的必要。令人担忧的是，民众对于谱牒文化的了解仅流于表面，许多调查研究中所展现的传承发展谱牒的意义仍需向社会大众进一步普及，未来的谱牒发展是全体社会成员的共同责任，每个人都应当担负起弘扬优秀家风、族风的责任，由此营造良好社会氛围，在国际社会彰显大国风姿。

总的来说，虽然不同群体对于谱牒文化的认知稍有不同，但就调研结果看来，传承优秀谱牒文化，是当代中国人的普遍愿望以及不可推卸的责任。

"一带一路"倡议下，西南边疆民族刺绣及绣娘生存现状调研

——以大理洱源县右所镇绣娘群体为例

团队：云南大学滇池学院

团队成员：董慧雯、吴敏、曹玲、李君、符安旭、赵鸿基、韩继成

指导老师：徐东明

时间：2015年

云南是少数民族的聚集地区，有白族、彝族、苗族、纳西族、傈僳族等，这些少数民族的刺绣也以各个地区的特色形成了白绣、彝绣、苗绣等。此次我们的调研地区为云南省大理白族自治州。在大理，白族人民聚居，有极典型和极具特色的白族民俗文化，包含了白族传统建筑、民间习俗和传统刺绣工艺。此次我们以"少数民族刺绣及绣娘生存现状"为主题的民族志研究，主要框定为对白族刺绣及白族绣娘生存现状的调研。

政治经济文化背景

当下国家大力推进"一带一路"倡议，云南作为中国与东南亚邻国的门户和纽带，地理环境特殊，在"一带一路"倡议中占有重要

地理位置。此次云南省扶持的云南刺绣文化产业志于打造民族文化品牌，实现区域经济合作，走出中国，走进东南亚市场，提升云南省刺绣产业品质，改善少数民族地区的就业情况，在传承和保护少数民族刺绣文化的同时，拉动边疆地区经济增长。

2013年大理自治州洱源县右所镇启动实施"土风计划"，开始了对本土传统文化的整理保护。在"土风计划"中，白族传统的大本曲、耍马、霸王鞭等民间习俗与歌舞得到了宣传和保护。云南省"土风计划"于2011年启动实施，目前已在全省16个州市确定了50个示范村，洱源县有2个村入选。此次，我们进行的关于"白族传统刺绣"课题的调研亦成为"土风计划"当中的一个补充。

在云南省大理地区，历史悠久的白族刺绣以其独特的技法、丰富多彩的纹样图案历来受到学术界的高度重视。白族刺绣是白族妇女们的手工艺品，流行于大理白族聚居区各县城乡。图案以洱源、剑川最为繁复。白族妇女将刺绣广泛运用于服饰、头饰、鞋帽、裹背、帐帘等日常生活用品，将白族刺绣融合于白族当地民俗、田园生活和个人生存历史当中。并且，作为大理白族自治州的非物质文化遗产，白族刺绣的保护和传承对文化史具有重要意义。绣娘作为这项传统工艺的生产者，与这项传统工艺的调研有着密不可分的关系。如今，白族绣品的市场份额不足、绣片的大面积消失，和白族绣娘在大理的大量流失有着密切联系，而这些原因牵动着的传统白族刺绣工艺所承载的传统绣法、图腾文化和习俗也逐渐面临着消失。因此，调研"白族绣娘的生存现状"与研究"白族刺绣工艺"两个部分，紧密相连，不可分割。

当下白族刺绣的发展状况十分不理想：2012年，全国刺绣市场销售额80%为苏绣，12%为湘绣，云南少数民族刺绣的比例不足5%，与汉民族传统刺绣工艺中的"四大名绣"相比，白族刺绣产品附加值低，产业化程度低，市场占有率低。

1. "绣娘经济"初现形态

大理白族刺绣以洱源、剑川最繁复。云南省大理白族自治州洱源县刺绣历史悠久，而隶属洱源县的右所镇，村中白族绣娘分布广泛。

云南省大理洱源右所镇刺绣产业刚起步，处于急需政策扶持和制定发展规划的关键时刻。随着产业化的引入，刺绣带动山区少数民族收入的大幅度增加。此次云南省委宣传部在大理白族自治州洱源县组织的刺绣培训当中，洱源县共有238人参与培训，右所镇共计124人参与，约占刺绣培训总人数52%，为此次培训参与人数最多。

大理白族自治州以"金、木、水、土、石、布"为特色。金指银饰等类，木指树木资源，水是水利资源，石为翡翠玉石等资源，布则意为刺绣产业。此次云南省委率先把聚合式的绣娘培训投放于洱源县，引进企业商贸的渠道资源，在绣娘制作和企业加工售卖之间起到一个沟通的作用，使原本处于自发状态、生产经营零散的多民族刺绣逐渐向着产业化方向发展。帮助少数民族群众开辟了一个新的增收路径，也为民族文化传承与发展找到了有机结合的途径。当地已经出现"绣娘经济"所具备的条件和基础形态。大理白族自治州洱源县率先尝试了这样的新模式，在政府、企业、绣娘这三种角色的搭配和互动中，可以看到当地绣娘经济模式已初具形态。但绣娘经济是否能持续这样的生产形态，还急需看之后政府、企业和绣娘在其角色身份上做出的努力。

2. 绣娘生存现状

已无全职以刺绣为工作的绣娘身份存在。绣娘多以农业和照顾家庭为生活中的重心，刺绣仅作为生活闲暇时候的补充。右所镇人的收入占比最重的是农业和畜牧业，在此次的调研地的家庭当中几乎家家都有养奶牛，农忙的春季和秋季，妇女们都没有闲余时间来做刺绣，即使非农忙时间，每天也还有家中琐事和老人小孩需要照料。

和调研前期所设想的差异在于，在右所镇已经不存在真正意义上以刺绣为全职工作的绣娘。这在我们入户采访的绣娘当中，阿结会作为白族刺绣文化传承人已经是拿针线时间较长较多的人。但她在农忙时节也依然要以农活为主，参与到农业劳动当中。这个地区虽然还流行着传统白族刺绣文化，但是农业生产依然是主流。且因为刺绣和农业劳动相比，花费时间多，收益又低，所以很少人会选择以刺绣为主要谋生手段。

3. 白族刺绣现状困难分析

（1）绣娘分布散漫，且刺绣水平不均

2015年，云南省委宣传部在洱源县举办了一次绣娘培训，在此次培训当中，我们也对洱源县的绣娘情况进行了一个大致摸底。参与此次培训的绣娘来自于炼铁乡、右所镇、西山乡、牛街乡等乡镇，共计238人。各乡镇人数分布为：右所镇124人、炼铁乡10人、牛街乡76人、西山乡28人。各乡镇之间的距离很远，绣娘分布散漫，不聚合，并且缺乏刺绣氛围，绣娘的刺绣水平也良莠不齐。

此次给绣娘培训的是彝族刺绣大师段朋江，他的一件工艺绣品能卖2万到3万元。从对段朋江的访问中得知，其公司生产机绣和手工绣，"但手工绣的价值比机绣高十倍不止，而公司的主要销路为迎合中高端市场需要的手工艺品"。和段朋江的彝族刺绣相反的是，在洱源县，刺绣既无市场，价格又低廉。在此次培训中我们发现，白族的绣娘有色彩感知的能力，也有熟练的刺绣能力，但是却没有足够多的刺绣手法，所以她们只能刺绣出一些简单的图样。

（2）绣品市场价值不高，绣娘缺乏商品意识

在我们对绣娘家庭的入户采访中，绣娘们会拿出她们自己的绣品给我们看，这些绣品大多为祭祀香袋、裹背、鞋垫、鞋子。稍年轻一点的绣娘还会想起自己出嫁时，还有母亲绣好画案的枕套被单作为随嫁品，但这两年几乎没有人家会再亲手绣好被单作为随嫁品了。白族妇女会把信奉的本主教的图案绣在绣品上，比如一些小老鼠代表着子孙后代繁荣，牡丹和山茶花代表家中和气安详，本主教中的老爷龙王，则会以人丁形态的图案出现。而我们发现，绣娘对绣品的认识基本还停留在家用，几乎没有销出的意识与概念，所以绣出来的物品基本都是一些商业价值不高的物品，比如廉价的鞋垫、裹背等。而这也是手工刺绣前景无法得到开拓的原因之一。在绣娘培训当中我们看到绣娘的技艺依然娴熟，却缺乏和现代工艺比肩的能力。

（3）机器刺绣冲击了传统手工刺绣，外来文化的冲击更加巨大

其一，在机绣绣品未流行于镇上的时候，绣娘们必须依靠一双巧手，来制作家中的每一样生活用品以及用于婚嫁、祭祀的物品。当生活条件越来越好，机绣绣品也越来越多。相较于时间成本高昂的手工刺绣，机绣节省时间成本，物品质量优良，而且价格低廉。在这种情况下，很多绣娘逐渐放弃了手工刺绣。

其二，实地走访过程中发现，几乎每家都摆放着十字绣。对于年轻的白族妇女来说，传统刺绣既然在现实生活中无法换来收益，作为消遣品，外来的、新鲜有趣的十字绣就成了她们的一种移情。

（4）绣娘对刺绣传承文化意识的消退，源自收益无法得到保证

对大多数的绣娘来说，刺绣是一件日常事，具有一定审美价值，却忽略了其文化价值。

在调研中我们发现，白族刺绣传承人阿结会在访问中经常会提

及刺绣的文化价值,且在云南省政府有志于扶持当地刺绣产业之后,阿结会老人很少再把自己刺绣的一些价值较高、绣法精致的物品随便售卖。她告诉我们,刺绣产品本身是有极高的工艺和文化价值的。而我们发现,阿结会老人在当中一直有认识到自己刺绣传承人的身份,她有意识要保护自己的刺绣成品。而催生这样一种维权意识产生的原因,是在政府的政策发布之后,对绣品、绣片和把这些传承人作为活历史的保护。

但除了阿结会老人这样的传承人,大部分绣娘并没有意识到刺绣品的文化价值,比如在洱源县城三天绣娘培训当中,有一名从牛街乡家中远道而来的绣娘因为家中的一家老小无人照料和奶牛无人喂养,不得不中途放弃刺绣培训。生存问题尚未得到解决之时,要让她们意识到刺绣的文化价值实在很难。

(5)传统刺绣技艺在传承中出现年龄断档

在走访中,大部分的住户里,年轻人忙于家中生计,而手工刺绣在当下又基本是自用,没有足够的收益促使他们放弃了以它作为谋生的手段,不再学习和传承。老人虽然会传统刺绣,即使生活中有闲余时间,但因为身体、视力等客观原因而无法继续刺绣。在这样的传承当中产生了一个年龄断层,造成了传统的白族手工刺绣技艺快速地流失。

(6)刺绣产业内外供需不协调

外界对手工业产品需求日益高涨,内里荒废刺绣优势,阻隔绣娘经济发展,供需不协调。其一,随着消费者的理性和消费意识的增强,十字绣市场经过几年的高速发展,已经逐渐走向衰退,取而代之的是一批新型刺绣企业和产品的面世。传统刺绣人工造价高,但具有十分高的艺术价值和审美价值。传统手工刺绣所应用于的许多产品都具有较高的收益和价值,而这样的市场份额逐渐被"四大名绣"占据且居高不下。在少数民族地区,如我们此次调研的白族刺绣地区刺绣产业却无发展或基本停滞不前。外界需求巨大,可在内部,却忽视了这个创造收益的机会。

4. 解决对策

(1)政府集中性培训绣娘,作为文化和产业相结合的造血模式

将乡镇中毫无规律的零散型刺绣,转变为有组织且规模性集聚性的刺绣产业,改善当地绣娘生存现状(如经济收益、教育素质等)。提升绣娘本身的经济收益,是提升绣娘对刺绣产业的信心,促使刺绣发展的根本。

(2)发展政府、企业、绣娘三者联动机制新模式

发展由政府联通企业和绣娘群体,企业负责接受订单及产品输出、绣娘制作产品的三者联动机制新模式。使绣娘在熟练掌握手工刺绣技艺之后,在照顾家庭、完成农务的同时,也能发展出另一条增收路子,提高家庭收入,走上致富之路。

(3)发展集合性的文化旅游产业

充分利用当地的旅游资源形成一个商业链,此次调研我们还去了与大理洱源县相近的两地,喜洲古镇和周城古镇。这两个地方以大理白族传统扎染为特色,且旅游业发展迅猛。喜洲古镇以传统的普洱茶制作工艺和扎染为主,周城以传统扎染与白族刺绣为主。两地发展的特征有二:一是其本身的文化资源丰厚,打造了民族文化品牌;二是有聚集性的旅游产业。旅游资源能带来大量游客对特色文化的消费,而文化消费则会成为地区品牌的一个标签。这是值得借鉴的。

(4)将现代工艺和需求同白族传统刺绣相结合

刺绣在中国已有2000多年历史,在中国工艺美术史上占有非常

重要的地位。每一件刺绣精品都有着浓厚的中国传统文化色彩，并倾注了创作者的情感和心血，具有极高的艺术价值。以周城扎染文化为例，可以把现代工艺与传统白族刺绣相结合，制作出符合市场要求，具有较高审美价值的手工艺品。比如在戒指、手环、高级服饰上做刺绣的定制，会极大地提高价值。或者在进入大众市场中的产品如绣花鞋、一般的挎包、服饰、日常用品上添加一些精致的刺绣图案，也会使产品增值。

（5）带动区域产业以链条式产业模式发展经济

洱源县地处大理白族自治州洱海的上流源头，为避免污染大理的母亲湖，从五六年前起就限制其过度发展工业产业，因此其乡镇经济并不发达。此次当地政府参与进这样的角色当中，为绣娘经济起了一个较好的苗头。农民靠种田为生，自给自足的模式也要逐渐改变，刺绣经济的发展可以带动整个地区的联动发展，比如包装和运输业。

（6）提升绣娘的个人刺绣工艺水平和意识

和现代机绣相比，传统手工刺绣越来越受到众多收藏爱好者的关注，近年来，身兼艺术藏品和时尚奢侈品的刺绣藏品在各个拍卖会上屡获佳绩，成交价都在百万以上，甚至上千万，这样的成交价格，让收藏界无不对这些手工刺绣作品惊叹。因此，应当在改善绣娘生活现状的同时，提升其对刺绣文化认识和自我文化成果的保护意识。使其制作的产品更加优良，同时还能达到个人对刺绣文化的保护和传承。

5. 结语

在实地调研中我们发现，白族传统刺绣手工艺在当地的消亡速度要比我们想象中的快很多。尽管现阶段云南省政府开始对洱源县当地的刺绣产业加以扶持，并且希望借此打造少数民族刺绣的文化品牌。但其衰亡的速度已经远远超过当地政府对它的保护速度，现代机绣和前几年大热的十字绣文化对传统刺绣的冲击、绣娘自我身份认同感低下、从刺绣中获得的家庭收入不佳等现象构架了绣娘的生存结构，与此同时，这些也成了阻碍刺绣发展的根本原因。在整个人类发展史上，若绣品还在人却消失了，那么绣品便成了孤版、绝版；而绣品没了人还在，那么这个文化的泉水也还是活的，能够有一脉传承下去的希望。所以比发展更重要的，是在发展之前应阻止其消亡。

我们于调研中发现的实际问题是对当地刺绣文化现状的一个纪实陈述，刺绣作为中国文化史上一个重要的见证，在历史的长流中有其保存和留下的价值，但如何保护和传承刺绣文化则是急需政府、民族企业、个人共同努力的事情。

第五章
博士调研类

足球产业在体育强市建设中的作用
——以广州恒大淘宝足球俱乐部为例

团队：清华大学

团队成员：冯晓露、白莉莉、郭家良、赖国强、张馨瑜、乔荣轩

负责人：冯晓露

时间：2017年

足球运动影响力广泛，产业规模可观，是促进现代城市发展的重要方式之一。广州足球在发展中形成了鲜明特色和宝贵经验，具有示范效应和借鉴价值。本次调研运用文献资料、实地调研等方法，从经济、文化、政治、社会等层面讨论足球促进广州城市发展的作用，总结广州市在资源配置、文化传承、区位优势发挥、政策驱动、制度保障、场地设施开发利用、竞赛体系、青少年人才培养制度建设等方面推动足球发展的经验和方略；分析广州足球促进城市发展面临的问题和挑战，并提出未来发展策略。

一、背景介绍

足球是世界第一运动，不仅影响广泛，而且在世界城市化发展

的主流趋势下，已经成为助力城市文化传播和城市建设发展的重要载体。英国的曼彻斯特因曼联而享誉全球，西班牙的巴塞罗那因巴萨而受到关注，意大利的米兰因同城德比而备受瞩目。如何以足球运动为载体，创新城市发展思路，促进城市的发展，提升城市发展的层次、质量、效益、内涵以及动力，是城市化进程中值得研究的重要问题。广州在中国足球发展中具有重要示范意义，不仅形成了独特的足球产业发展模式，而且在以足球促进城市发展方面也形成了特色鲜明的经验和做法，对足球助力城市发展具有借鉴意义。

二、足球产业促进广州城市发展的表现

（一）拉动城市体育产业发展

从2008年开始，广州体育产业增加值和其所占全市GDP的比例实现连续七年增长，2015年实现体育产业增加值为345.72亿元，占GDP的1.91%[①]，数据与体育发达国家相比虽然还有一定距离，但是在国内已经名列前茅。

职业体育是体育竞赛表演业的重头戏，体育竞赛表演又是盘活体育服装、体育旅游、体育服务等一系列相关产业的核心。职业足球俱乐部对足球产业的具体拉动效应体现在以下几个方面。一是高投入，高投入带来了更大的市场规模，蛋糕做大后，整个产业的发展空间也就大了。在俱乐部高投入的吸引下，国际级球星纷纷来华，中超的比赛质量和精彩程度大幅提高，转播权的价值也水涨船高；随之也给俱乐部带来了更多的收益，使得俱乐部可以有额外的资源投入到商务开

---

① 广州体育产业筑"金窝"引来国际篮联送"秋波"[N]. 广州日报，2017-5-4.

发、市场营销等领域。二是高纳税，上亿元的税收，为地方政府体育产业发展提供了更大空间。三是高消费，2015年恒大亚冠决赛主场门票单场收入接近一亿元人民币，创下了中国足坛的纪录；围绕比赛所产生相关消费更是规模可观。

（二）带动城市相关产业增长

体育产业的发展是国民经济发展到一定阶段的结果。近年来，随着体育消费观念的转变，越来越多的人愿意去现场购票或是在网络上购买会员观看体育比赛。当人们决定要去现场观看一场足球比赛（尤其是前往异地观赛）时，产生的消费往往不只比赛门票，还包含观赛前后的餐饮、旅游、娱乐、购物、交通等附加消费。

广州市体育局提供资料显示，2013年亚冠决赛，广州恒大主场的门票价格成倍攀升，原价400元、600元档的票，价格都涨至3000元以上，最高达8000元档，总票房超过5500万。2015年亚冠决赛的单场门票收入更是直逼一亿元，相比2013年翻了近一番，这足以从侧面反映出群众消费观念的进步和消费能力的提升。此外，前来观赛的观众群体中，超过90%进行了餐饮消费，异地观赛者人均长途交通和住宿消费分别达到260元和257元。未来，随着服务业、旅游业与体育产业的融合发展，球场周边产业配套设施的不断完善，高水平赛事的顶级影响力有望拉动更多的相关产业消费。

（三）增进城市文化认同

足球是一项团队运动，仅仅靠高投入和单个球员超强的个人能力想要取得顶级的成就十分困难。广州恒大的成功不仅仅是依赖资本的推动，还有球队上下团结一心、奋勇拼搏的精神气魄，这种精神层面的"辉煌"也为广州这座城市带来了荣耀和自信，融入了广州的城市精神，并将这股正能量传到了社会的每一个角落。最具代表性的就是他们的海报。

广州恒大的海报总是能够将比赛的信息与特定的主题结合起来，将足球承载的国家形象、地方特色、传统美德、足球文化等表现得淋漓尽致。2013年，恒大首次进军亚冠，在首场对阵韩国全北现代的比赛之前，广州恒大的海报打出了"We Stand for China"（我们代表中国）的口号，强大的号召力在全国制造了空前的关注度。2015年亚冠联赛决赛首次回合，广州恒大迎战阿联酋阿尔阿赫利，海报上演"广州建筑秀"，由五羊石像、"小蛮腰"等著名建筑组成"广州"二字，既展现出羊城的文化特色，也让外地球迷对广州的旅游景点一目了然。这些特色的宣传，无疑增进了球迷对俱乐部、城市的文化认同。

（四）推动文明城市建设

足球不仅为广州树立了文明、健康的城市形象，也在社会公益方面积极地承担着扶危助困、服务群众、回馈社会的社会责任。2016年5月29日，广州恒大主场迎战上海上港的比赛中，广州恒大主场天河体育中心迎来了5名"特殊的客人"——来自山区满怀足球梦想的孩子，他们将在中国电信心系天下品牌的帮助下以球童身份伴随恒大球星入场，圆梦绿茵赛场，为紧张激烈的中超赛事增添了一份温暖的色彩。同年6月，在广州恒大主场对阵江苏苏宁的比赛前，广州市禁毒委在天河体育场内举办了聘请恒大俱乐部全体队员为广州禁毒宣传形象大使公益活动。俱乐部通过积极投身社会公益的行动，为它应当承担的社会责任做出榜样，也让足球运动的强大影响力转化为推动社会发展的助力。

（五）助力城市对外交流

足球赛事转播已经成为广州对外传播的重要窗口。中国足球协会内部统计数据显示，2015年中超联赛电视收视人次达到了历史巅峰的4.10亿人次，而近10年内第二高的便是2013年的3.46亿人次，恰好与恒大勇夺亚冠的时间点吻合。有赖于日臻成熟的转播技术，大量的电视观众能够通过赛前的介绍领略到广州的城市魅力，也能通过比赛直观地感受到广州人民的热情。顶级赛事的举办，无论是比赛期间密集的资讯、报道，还是比赛中来自全国乃至全世界各地人们在广州的汇聚，都为广州带来了极大的关注度，也极大地增强了广州的知名度和影响力，同时也为广州展示自己的文化特色、与世界先进文化交流融合提供了重要契机。

（六）提高城市国际知名度

足球运动的世界影响力不言而喻，利用足球赛事促进城市合作交流，使城市更具活力和竞争力，因而开拓的国内、国际市场已经在广州友城关系建立和维护中产生了积极影响。足球在提升广州城市知名度的同时，也推动了广州的地方外交发展。2016年，悉尼市市长接待广州市王东副市长到访，对话的第一项内容就是双方城市足球俱乐部在亚冠中的表现和未来展望。另有一次，王东副市长到访伯明翰，伯明翰市市长专程从伦敦赶回来会见交流，主动提出要建立一个广州、伯明翰、里昂、法兰克福四个城市之间的"友城足球赛"。国际友城领导人对广州，尤其是对广州足球的重视，一方面和广州城市的整体国际地位提高有关，另一方面广州足球所创造的成绩和影响力也至关重要。

三、足球产业广州城市发展的经验聚焦

（一）重视经济发展与资源合理配置

足球运动的发展水平与国家或地区的经济实力密切相关，虽然二者不是直接的正比例关系，但一般情况下经济发展水平是发展足球

运动的基础条件。意大利、法国、德国、西班牙等拥有世界顶尖球队的国家，无论是国家GDP，还是人均GDP都处于世界前列[①]。2016—2017赛季，中超16支参赛球队来自14个城市。根据2016年各城市的国民经济与社会发展统计公报及相关统计，列出中超球队所在城市居民人均可支配收入水平与球队成绩存在一定相关性。事实上，只有经济总量达到一定规模，才有更大可能将经济优势辐射到体育发展。经济基础决定上层建筑，广州良好的经济发展水平和对体育的持续投入，是体育事业的坚实后盾，也为足球产业发展提供有力支撑。

（二）重视本土文化传承和区位优势发挥

纵观世界足球强国，无一不是将足球运动根植本土，很好地与地方文化融合。英国文化中的绅士风度与骑士精神造就了长传冲吊的英式足球风格；拉美文化中的古典与浪漫、激情与冲动奠定了拉美足球浪漫主义艺术风格的基本低调，德国文化中的严谨笃实与自信坚强练就了简单实用、不耍花架的日耳曼战车。[②]虽然职业化改革已经推进多年，但是中国足球无论是竞赛成绩还是产业发展都没有质的飞跃，一个重要的原因就是整体上尚未形成适合其生长的文化土壤。

广州地处中国南部沿海地区，是古代海上丝绸之路的起点之一，素有中国"南大门"之称。这样的地理环境背景使广州的体育文化呈现出两个鲜明的特色。一是开放、包容、务实、创新。19世纪末到20世纪初是广州体育发展的黄金时期，包括足球在内的很多西方体育项目率先被引入。二是勇立潮头，敢为人先。例如，广州率先开启"厂

---

① 艾强.足球产业经济贡献与影响足球发展的经济因素[J].经济研究导刊，2017（8）：36—37.

② 李林.世界足球与文化根源及其对我国足球发展的启示[J].山东体育学院学报，2002（4）：19—21.

企赞助、社会协办"的模式,与企业合作办体育,将体育作为传播媒介,通过冠名或赞助的方式提高企业的知名度和影响力,最终达到政企双赢的效果。

(三)重视政策驱动和制度保障

新兴产业,政策的引导、保障至关重要。美国早在20世纪50年代就开始用公共财政支持职业体育俱乐部场馆建设,通过发行市政债券(Municipal Bonds)等方式支持职业体育场体育俱乐部新建场馆[①];德国"天才培养计划"和"DFB-塞普赫尔伯格基金会"以资金的方式资助校园足球、协会足球等具有社会价值的足球项目[②]。

改革开放之后,广州市政府利用各种优惠政策积极吸引外资赞助体育,其中最有代表性的是来自香港的霍英东先生,他在1986年到1990年间投入数千万港币为广州兴建体育设施,为广州体育事业的发展做出了巨大贡献。1993年,经中国足球协会批准,在广州成立第二个足球特区,主要负责管理广州足球俱乐部、教练员、裁判员以及组织足球比赛等事务。2012年,广州成为国家首批五个足球发展试点城市之一,中国足协每年提供专项经费,聘请技术顾问为试点城市足球的发展出谋划策。从2016年开始,广州市政府开出高达5000万人民币的亚冠夺冠奖励,鼓励职业足球俱乐部继续发展。

在足球管理体制改革方面,广州2015年出台了第一个地方足球改革方案——《广州市足球协会改革方案》,完成了广州市足球协会的体制改革,成立了第一个脱钩体育局,并独立运营、自负盈亏的"新

---

① 王龙飞,王朋. 税收政策在美国职业体育场馆建设中的作用及其启示[J]. 西安体育学院学报,2015(1):33—39.

② 刘斌,杨成伟,李梓嘉. 基于政策执行视角的德国足球发展审视及启示[J]. 沈阳体育学院学报,2017(2):12—19.

足协",实现了真正的管办分离。政府的重视和政策的引导和保障无疑都是广州足球产业发展的"催化剂"。足球改革是我国体育改革的突破口,发展足球运动被提到了前所未有的高度,并纳入了全面深化改革的大格局中进行顶层设计和制度改革。相应地,足球协会改革也是社团改革的突破口与试验田,广州市迈出了足球协会改革的重要一步。随着改革的深入,地方协会、政府体育部门和足球俱乐部三方之间能够形成更加积极良好的联动关系,共同促进足球运动的健康发展。

（四）重视场地设施开发与利用

体育场地资源短缺是我国长期面临的问题,广州结合自身发展实际,在探索解决体育场地,尤其是足球场地设施问题上形成了自己的特色。

一是根据时代和社会发展需求探索体育场地建设新思路。广州不仅率先建设大型体育场馆,如现在广州富力足球队的主场——越秀山体育场早在1953年便落成,是新中国成立后广东省最早建成的含有标准足球场的综合性体育场,还率先提出"改变建大型场馆等的竞技体育发展导向,更加注重面向居民日常使用的全民健身活动中心、社区体育设施等群众体育设施的规划建设"的建设思路。从2014年开始,广州市政府把建设社区足球场作为十件民生实事之一,目前已经完成了第一期"三年建设100个社区足球场"的计划。

二是场地建设注重整体规划,设立地方标准和激励机制。据调研,广州市政府率先规定广州市所有小区,只要超过一定人口必须配备足球场和篮球场。在新一轮的足球场地建设中,广州市政府一方面要求各部门参与,另一方面在市政府层面建立激励机制,形成了"多干多给,快干快给,少干少给,不干不给"的激励方式,有效地提高了政策的执行力和实际效果。

三是运用新媒体提高现有场地利用率。通过群体通APP预订，市民参加体育活动不用在现场排队，按时参加，还可以享受7折优惠以及免费的时段预订。优惠的这部分资金政府将从体育彩票中补贴给场馆，实际上场馆收入并未减少，还凭借价格优势吸引更多消费者，大众体育消费者也在政府对产业的扶持中有了更多的获得感，多方受益。

（五）重视赛事保障与竞赛体系构建

职业足球和竞技足球方面，承办了亚冠、中超、足协杯等国际、国内高水平赛事，市政府还在《广州市城市足球试点工作计划（2014—2016）》中明确表示"全力支持广州恒大、富力职业足球俱乐部在中超联赛和亚冠联赛继续取得优异成绩"。群众足球方面，3人制、5人制、7人制、11人制的群众性足球联赛有序开展，与足球擂台赛、"长青杯"业余足球赛等赛事贯穿全年，形成了覆盖人群广、覆盖周期长的群众性赛事体系。青少年足球方面，广州注意建设青少年竞赛平台，形成了青少年运动会足球系列比赛及年度青少年锦标赛、市业余体校联赛、市校园足球联赛（含小学、初中、高中、中职学校）等赛事体系。

（六）重视青少年足球人才培养的制度建设

一是建立了政府多部门配合、社会广泛参与的工作机制。为了提高管理效率和政策执行力度，广州建立了校园足球联席会议制度，成立专门的校园足球工作领导小组，负责全市校园足球工作的组织领导和统筹协调。

二是多种举措加强足球师资队伍。一方面，广州市加大专项师资供给，在市、区、校保持整体体育教师编制不增加的前提下，把足球教师配备作为优选项。另一方面，广州市教育局还依托在穗高校每年组织3至4期足球教师专项培训、教练员和裁判员培训，积极探索"体育辅导员"的新模式。

三是建立保障体系，切实落地各项优惠政策。为了让校园足球的各项政策切实落地，广州市推出了在资金、场地、人才等方面的系列保障措施。

四、足球产业促进广州城市发展的展望

（一）面临的问题和挑战

1. 赛事产业生态体系尚不健全

包括广州恒大在内的国内顶级足球俱乐部已经在足球产业上游、下游市场中付诸实践并有过成功经历，但是产业中游的传媒、营销等体系依然不完善。对于整个中国足球产业生态来说，中下游市场更是不成熟，这就直接造成产业上游的高投入无法换来中下游的变现回报。

2. 职业俱乐部盈利模式单一，商业开发存在体制束缚

我国职业足球俱乐部的收入结构中，广告赞助占据了主导地位。国外主流的职业足球俱乐部收入结构中，商业赞助基本是占总收入的40%以下，门票收入、赛事转播占据了较大份额。而赛事转播这一项世界职业足球俱乐部的主要收入在中超俱乐部中占比却微乎其微。制约我国职业足球俱乐部商业拓展的因素有很多，体制因素是重要的方面之一。目前的中超联赛体制下俱乐部和中超公司利益冲突。职业足球俱乐部和中超公司，二者看似共同体，实际上则是竞争者。俱乐部的商业体系和中超公司存在形象权、广告位、赞助商等商业资源的竞争关系。中超公司的利益分配中，所有俱乐部的获得几乎平均化，但是顶级俱乐部对联赛的价值贡献和付出的成本都要远高于一般俱乐

部。这些现状会造成顶级俱乐部的利益损失,也会限制俱乐部盈利方式的拓展。

3. 行业政策滞后于市场发展

例如"全新U23"和"限制高价外援"等政策初衷是鼓励培养本国年轻球员,但是却对足球市场带来各方面的影响,包括降低联赛水平、影响赞助商的投资意愿、增加俱乐部运营成本等。此外调研过程中也发现,足球专业师资、教练、裁判等专业人才的缺乏是各机构面临的普遍问题。因为目前官方认可的只有足协的培训,但足协有限的培训班已经不能满足广州青少年足球、民间足球的发展需求。

4. 地方政策仍存在限制门槛

一是足球产业发展中的财税问题依然悬而未决。目前俱乐部面临最大的问题是高税收,尤其是球员转会费极高,个税高达45%,人员成本支出在俱乐部现金流中占的比例特别大。虽然从中央到地方都对足球发展高度重视,也出台了系列鼓励发展足球产业的政策,但是现实中财税政策的具体方案和落实都需要税务等部门配合,很难落到实处。二是足球青训人才培养受异地高考等教育政策影响大。足球学校在实际办学中面临的最为严峻的一个问题是异地高考政策,给学校办学和学生的学习、训练带来诸多麻烦。受不能异地参加高考的政策限制,外地的学生进入高考升学阶段就会选择离开,失去优质的训练条件。

(二)未来发展对策参考

1. 优化足球市场宏观环境,科学规划足球产业发展

短期来看,足球产业发展的初期阶段,坚持市场驱动的同时,要进一步加强政府引导,通过产业政策引导资源流向足球领域,构建公平公正的市场环境。长期来看,要构建市场主导、行业自律、法律体

系健全的足球发展环境,使职业足球、民间足球、校园足球等形成良性的互动体系,形成根基稳定的足球人口,建成以足球文化为特色的国际体育名城。

2. 降低职业足球赋税比例,降税所得支持青训发展

产业的发展一般可分为成长期、转型期、成熟期三个阶段,每个阶段都需要相应的资源配置方式。市场和政府是资源配置的两大主体,税收是政府按照市场化手段进行资源配置的最有效手段。国外职业体育发达地区都有过减免职业体育俱乐部税收的做法,美国早在20世纪50年代就开始减免职业体育俱乐部的营业税、运动员个人所得税等;英国是由中央政府出台了一种名为"统一经营税(UBR)"的税种,地方政府自由决定是否对体育组织减免这一税收;西班牙巴塞罗那则是给予职业体育俱乐部一揽子税收优惠政策,包括企业所得税减免、体育赞助的扣除、球员转会费的扣除等,增强了本地职业体育俱乐部在欧洲市场的竞争力[1]。根据职业足球俱乐部目前面临的高成本、高赋税的现实问题,以及发展足球青训促进足球事业长远发展的需求,建议政府降低职业足球俱乐部赋税比例,可以要求俱乐部将所优惠部分投入青训事业,或由政府建立专门基金用于发展校园足球。

3. 推动足球产业跨界融合,促进城市产业结构升级

引导优势资源与相关产业的融合,是推动城市产业结构升级的重要途径。巴塞罗那曾因奥运会的举办,年接待游客在10年之间增加5倍,成为欧洲最受欢迎的高端旅游地之一,旅游创汇成为当地的主要

---

[1] 代方方. 我国职业体育俱乐部税收政策研究[D]. 北京:北京体育大学,2013.

收入来源之一。①大型足球赛事有很大一部分球迷来自外地，可以增加更多的球迷文化交流活动，增加场馆周围的旅游引导和体验。对于职业体育俱乐部场地问题，如果将具有发展潜力的市郊作为新主场选址，不仅可以缓解市中心举办赛事引发的城市交通拥堵、场地周边停车困难等问题，还能以足球赛事为抓手，带动非中心城区加速升级，并创造一系列配套创新机会。此外，加强与旅游主管部门的合作，一方面在旅游宣传中融入城市足球文化，展示阳光向上的城市形象；另一方面，丰富赛事票务购买渠道，借鉴广州马拉松"旅游大礼包"的方式，提升球迷的观赛、住宿、交通等综合体验，进而拉动城市旅游消费。

---

① 吴良镛，吴唯佳. "北京2049"空间发展战略研究[M]. 北京：清华大学出版社，2012：239—240.

传统武术文化的传承现状与传播路径
——基于广州、佛山、东莞等地的武术文化研究

团队：中国传媒大学

团队成员：崔琳、黄忻渊、樊攀、周煜媛、王亚鹏、肖菲、张颖

指导教师：郎劲松、刘萍

时间：2017年

在漫长的历史发展长河中，中华民族积淀了大量弥足珍贵的、丰富而又灿烂的文化，这些传统文化经历了一代又一代的传承绵延至今。然而，工业化和城市化的进程带来了文化生态空间的改变，我国许多传统文化正在慢慢地衰落。作为我国珍贵的非物质文化遗产、"文化基因"的重要组成部分，中国传统武术文化也同样日渐式微。如何让传统武术文化更好地传承下去值得深思。

一、广东地区武术文化传承现状堪忧

第一，武术传承人老龄化状况已成不争事实，武术文化的传承出现断裂。调研过程中团队所接触到的武术传承人大多已年过七旬，如广东省省级非物质文化遗产项目代表性传承人、莫家拳的第五代传人

莫柏许。虽然莫老身体依然康健，但他周围的莫家拳第五代传人有很多已经离世。传承主体的缺失不仅是广东所面临的问题，也是整个中国传统武术界所面临的困境。截至2016年9月，文化部现已公布的第四批传统武术代表性传承人中已有3人离世，现年80周岁以上的还有4人，60周岁以上的有16人。商业化浪潮改变了人们的生活方式，武术文化赖以生存的土壤被各种休闲娱乐方式所消解。很多年轻人更青睐于简单、标准、时尚、即时的快餐式的西方体育项目，这也使年轻一代的传承人匮乏，武术文化的传承链条出现了断裂。

第二，师徒传承这一武术传承的最基本、最核心的形式，已无法适应现代社会的发展，不可避免地受到了时代浪潮的冲击。过去，拳师们主要采取线型的收徒、传艺模式，这种模式意味着如果没有师傅的指点，下一代人将很难旁悟拳艺门径。另外，师父择徒都很严苛、慎重，武术传人从祖辈或师傅处习得技艺十分艰辛，因此一些传人长久秉持着"艺不轻传"或是"密而不传"的心态。"教会徒弟，饿死师傅"的现实又导致师傅"保留性"传艺。因此，这些现象造成了传统武术文化的逐代萎缩，也制约了不同拳种、门派之间的横向联系与传统武术的社会化发展。此外，"言传身教、口传心授"的中国传统技艺的主要传习方式，尽管最大限度地保证精湛技艺的传承，但也导致很多武术传统缺少文字记述，只有少量拳谱现存于世且大多为手抄版本。随着时间的流逝，这些武术文化资源很难完整地保存和继承下来。

第三，尽管"武术进校园"开启了教育的新模式，但师资的短缺问题目前仍未得到解决。数据显示，广州市有1500多所幼儿园，目前广州市武术协会已在近半数的幼儿园中推广了武术课程。教材方面，广州市各中小学多采用本校自编武术教材，教材内容以初级套路和自编操为主。笔者调研发现，一些学校由体育教师教授学生武术，也有学校聘请社会人士进行兼职教学。这种情况下，体育教师、兼职武术教师是否具备武术技术、理论水平，是否有资格、有能力来教授武术也需要有一个相应的评价标准。2016年，国家体育总局下发了《中国武术发展五年规划（2016—2020年）》。然而，虽然国家已经制定了相应政策，教育部等相关部门却还未下发引导学校武术开展与推广的相关正式文件。广东各地"武术进校园"多为当地政府、教育局，或是民间主导。

第四，武术协会、武馆、拳会等民间组织生存状况各异，两极化趋势渐显。调研发现，广州、佛山等地区都能结合当地优势，通过举办武术节、武术比赛、开展武术表演等形式在民间传承武术文化。广州市武协常务副主席兼秘书长黄标介绍，自2007年广州市武术协会开始举办武术文化节以来，已有近3万名运动员参赛及十多万观众参与。2017年还出现了102岁的期颐老人与3岁孩童同台竞技的场面。然而，因各地政府对武术运动、武术文化的重视和支持程度不同，各地武术协会的运营也呈现出很大的差异。广州市武术协会面临的最大问题是经费不足。每年广州市政府会给广州市武术协会拨款10万元，而这10万元包含了广州市武协全年的办公经费。近年来，各地拳馆出现了两极分化的发展态势，可谓喜忧参半。历史久远、规模较大的拳馆发展越来越好，形成了良性运营。佛山的真武馆，成立八年间发展到了九个训练基地，学生保持近千人。相反，一些小拳馆的生存却难以为继，收取的学费甚至连交水电费、房租都不够。由于缺乏引领性的发展规划和有利的政策支持，这些民间武术团体的发展举步维艰。

第五，武术行业管理缺乏规范。武术文化的社会传承在当今社会占有重要的地位，武术行业的规范和管理是不容忽视的。广州、佛山、东莞等地武馆众多，存在着鱼龙混杂的现象。团队发现，很多武馆完全以营利为目的，教授内容不正宗；甚至拳会与拳会之间、拳会内部还存在着冲突与斗争，阻碍了武术的传承与发展；武术活动开展缺乏规范，一些武术活动的举办形式大于内容，失去了武术的灵魂与精髓。

二、广东武术文化产业化发展不均，政府相关部门需加大推动力度

在2002年，广东省体育健身娱乐业全年营业收入就已接近13.55亿元，仅广州、东莞、佛山等珠三角地区就已形成了一个年超30亿元的体育消费市场，如今，市场份额更不可限量，广东武术产业化具有非常广阔的市场前景。但经调研我们发现，广东各地武术产业的发展状况并不平衡。在所走访的三个城市中，佛山武术产业化发展较为乐观，作为省会的广州和历史文化名城东莞的武术产业化发展相对滞后。

佛山武术产业化发展较早，具有厚重的武术文化基础，拥有庞大的习武群体，还有着强身健体的良好社会风气和天然的武术文化历史传承，因此其具备武术产业发展的有利基础。2004年，佛山被国家评为"武术之城"，当地政府对佛山武术产业更是加大了扶持力度，如今"武术"已经成为佛山城市形象的天然文化符号和文化富矿。南海黄飞鸿中联电缆武术龙狮协会是较具代表性的社会团体，其武术产品涉及教育、培训、旅游等多个领域。不仅如此，为传承和发展传统文化、推广黄飞鸿品牌，该协会非常重视媒体宣传和推广，现已与央视、湖南卫视等多家大型媒体建立合作。在此案例中，政府的政策扶持、业务平台的搭建，以及大型企业的资本注入是其发展的关键所在。虽然该协会现已良性运营，但从"输血"向"造血"转换仍需一

定时间。

广州市的武术产业发展较为缓慢，未成规模，只有少数地区、武术基地经营的个别项目具有产业化发展方向。在广州期间，调研团队走访了在广州较有代表性，且规模较大的国家级非物质文化遗产蔡李佛拳保护传承基地。该基地由广东省政协委员、澳门新恒星集团董事长、蔡李佛北胜拳传承人房胜棠建立，位于广州市花都区，占地面积约达3.3万平方米。虽然基地成立时间较短，但发展十分迅速，现已开设了蔡李佛拳培训班，并在仲恺农业工程学院、司法警官学院等学校开设了蔡李佛拳课程，基地还开拓了"亲子游"等旅游项目，现在正在投资拍摄校园功夫网剧《校园风云》。虽然该基地已形成一定规模，但仍处于发展阶段，接待能力有待提高，配套设施也需不断完善。据了解，该基地完全由房胜棠独资建立，并无政府投入，广州大部分的武术基地情况也都与此相仿。广州武术文化虽根基深厚，但因为缺少政策支持，武术产业未能发展壮大。武术产业的发展仅凭民间力量仍然有限，国家、政府的扶持是武术产业发展的有力保证。

随着国家政策的推动，东莞体育产业在不断发展，现已取得一定成绩，但是武术产业并未发展起来。市政府对武术产业的发展并未有所规划，乡镇政府想发展却心有余而力不足。目前乡镇政府与企业合作方面也是困难重重，面临着资金不足、审批难、人才不足等问题。

就此情况，笔者认为武术文化的产业化应该从三个层面展开：

第一，运用市场机制调配资源，吸收社会资金。据了解，自2017年起，广州市体育局将任命企业家担任广州市武术协会主席，不再由行政领导担任。这一信号的释放，说明武术的发展要走向社会，不能仅依靠国家、政府，未来单项协会、行业协会将承担更多的职能。武术产业的发展需要筹措大量资金，仅靠政府的补助不能解决根本问题，充分运用市场机制调配资源、吸收社会多元化资金才是长久之计。

第二，完善武术产业管理体制和运行机制。首先，政府各部门在武术产业管理中要明晰职责与权限，使各部门各司其职，避免资源浪费。其次，要加强政府各部门间的互动和协调，实现信息的有效互通，提高工作效率。再次，需成立专门的武术产业管理部门。在管理模式方面，政府部门应转变管理体制，一方面在宏观上为武术产业发展提供优厚、宽松的政策，另一方面，在微观管理上以间接管理为主，充分发挥公共服务机构、武术文化企业自身的灵活性和自主性。

最后，要活化武术产业创新思维。目前我国的武术产业主要集中于武术教育、武术培训、武术赛事、武术影视、武术旅游等领域，武术产业的发展应注入更多的创新思维。团队认为，将传统武术文化元素与更多的产品形态有机结合，能促进武术产品结构多样化，并不断扩大武术产业规模。当然，创新不能破坏其文化根本，武术文化产品要具有浓厚的文化底蕴，充分体现中国传统武术文化。另外，也要利用武术文化品牌效应，挖掘和打造出能代表各地武术文化肌体和血液的武术文化产品。

三、数字化应成传统武术文化保护新路径，在线传播是未来趋势

文化遗产的数字化保护是文化遗产保护与传承的新手段。虽然我国数字化技术已较为成熟，但仍未在武术文化遗产的数字化保护领域有所应用。调研发现，广州武术文化的数字化工作已经开始，但还未具体从广度和深度上展开。据了解，目前广州武术文化保护工作主要由广州市文化广电新闻出版局和广州市非物质文化遗产保护中心负责。近年来广州市非遗中心开始通过互联网等新媒体宣传和推广广州的非遗文化，虽然已经取得一些成绩，但还没有真正地实现传统文化

资源的数字化保护。现在广州市非遗中心的网站、微信公众账号中已呈现了一些已进入广州市非物质文化遗产名录的拳种和传承人的资料，但多为文字、图片材料，并且数量不多。调研团队还参观了广州市博物馆、广东省博物馆，发现数字化程度较低，武术文化的相关内容较少。佛山、东莞的武术文化遗产数字化保护现状同样不乐观，武术文化的数字化的推进方面尚未涉及。

此外，调研也发现，社会各界人士除少数专家外，对于"数字化"的概念几乎没有准确的理解，对数字化技术的认知仍停留于录制影像资料的层面。一些民间组织、机构在整理、保存武术文化相关资料时，也仅限于采用录音、录像等较为简单的技术手段。进入新媒体时代的今天，可应用于武术文化保护和传承的技术和手段更加丰富。数字信息获取、处理、存储技术能更好地收集、整理、记录传统武术文化信息，为武术文化资源的数字化保存提供帮助；数字化复原和再现技术能为武术文化遗产的有效传承提供支撑；数字化展示与传播技术能为武术文化的广泛共享提供平台；虚拟空间、虚拟现实等技术能为文化资源的开发利用提供空间。调研中，武术界人士也认为，通过这些数字化技术对传统武术文化加以保护十分必要，也非常支持。

团队认为，目前国家在武术文化数字化过程中，存在三个困境：一是国家缺乏整体规划。二是武术拳种多元共生、派系繁杂，为数字化提供客观难度。三是资料收集、整理工作难度较大。东莞市桥头镇宣传教育文体局曾编撰了《桥头莫家拳》一书，此书从2012年开始筹备直到2017年出版，整整历经了5年时间。其最大的困难在于缺乏武术专家的指导，在前期资料整理期间，工作人员耗费了大量时间和精力与武术传承人沟通、学习。

就此，团队认为，传统武术文化的数字化保护应从三个层面展开：

首先，对武术文化资源进行数字化存档与保存。如今数字化工具和技术日益成熟，除了数码相机、扫描仪等设备采集外，还可使用动作捕捉设备对人体动态信息进行采集，运用激光扫描、三维建模等方式对一些武术文物进行数字化采集并制作三维模型。这些数字化工具的使用会大大方便武术文化遗产的数字化存档和保护。

其次，建立传统武术文化遗产数据库。该数据库应包含信息录入系统，管理存储系统，信息查询系统和后台管理系统。传统武术文化遗产数据的建立，一方面能使传统武术文化资源得到保护，另一方面也能实现武术文化资源的共享，惠及整个社会。

再次，应建立传统武术文化数字博物馆。安徽省博物院信息中心李涵说："当前我国大部分数字博物馆是实体博物馆在网络上的信息介绍，较少对博物馆进行虚拟展示。"网络虚拟博物馆是我国博物馆发展的未来趋势，也是未来传统武术文化数字博物馆的发展方向。天津体育大学武术系副教授李永明认为，未来传统武术文化数字博物馆的主要功能应包含以下三方面：第一，对传统武术文字、图片、影像信息进行展示；第二，利用计算机辅助设计系统展示的武术实物资料；第三，利用多媒体虚拟场景技术，讲解演示传统武术的练功方法、武术技法、技能、武术拳种套路和器械套路等技术信息。

最后，如今整个世界已处于新媒体时代，文化传播的媒介更加多样。数字技术、网络技术发展已改变了传统的文化传播方式。不能仅局限于用现代数字化手段对文化资源进行保存和保护，更要通过数字化技术让中国的优秀文化在全世界进行传播。我国的武术文化可以通过互联网、卫星等渠道向世界"在线"传播，打破空间的阻隔，不再局限于"在地""在场"的传统传播方式。

四、来自韩国的启示：政府应成为传统文化发展的保障

武术活动的开展、传统武术文化资源的保护、武术文化产业的发展都离不开政府的支持，而目前广东各地对武术文化的传承更多为民间主导，政府对传统武术文化的重视程度远远不够。政策的缺失、资金的紧张是武术文化传承所面临的最大问题。调研还发现，我国政府文化机构部门众多却权责不明。文化部、国家体育总局对中国武术有管理权，省级以下的众多部门如体育局、文化宣传部门、旅游局也有管理权，这导致的结果就是各部门各自为政，容易造成管理资源的浪费，也不利于政策的制定。以上几方面不仅仅是传统武术文化传承中存在的问题，也是我国传统文化传承所面临的困境。在这些方面，韩国为我们提供了诸多启示。

首先，韩国为了保证文化产业足够的经费投入，采取了多种方式进行资金筹措。1999年起，韩国文化体育观光部委托文化内容产业振兴院管理，以融资及投资方式支援中小型文化企业，助其发展壮大。由于资源、人力等有限，韩国政府采取选择性地提供资金支持，结合行业特点和自身优势，重点发展游戏、影视、旅游等产业。

其次，健全的制度和有利的文化政策为韩国传统文化的发展提供了保障。1962年，韩国政府制定了《文化财产保护法》，建立了无形文化财产的保护制度；为保护和振兴民族传统文化，韩国政府对传统文化传承人提供专项补贴；为发展文化产业，韩国政府于1999年首次制定了有关文化产业的综合性法规《文化产业振兴基本法》，明确文化产业的定义，提出振兴文化产业的基本方针政策。与韩国相比，我国的传统文化的法律保障体系和制度体系仍不健全，制定多层次的传统文化的发展政策，加强制度保障是当下我国传统文化保护、传承工作的重中之重。

最后，韩国政府部门组织机构较为完善。以韩国文化体育观光部为例，该部门由含室局企划调整室、文化内容产业室、宗务室、文化政策局、艺术局、观光产业局、体育局、宣传支援局等部门构成，这些部门权责分明，分工细致，具有非常强的组织性。我国要促进文化发展，关键在于政府统一文化管理权，优化组织结构，加强组织保证，并且设立具有针对性的文化发展组织或机构，如文化产业发展部门、文化政策制定部门、理论研究部门等。

党的十八大以来，以习近平为核心的党中央高度重视中华优秀传统文化的传承发展，但我国文化产业的发展、传统文化的国际传播能力仍滞后于美国、韩国、日本等国。例如韩国，其传统文化的政策中心已由保护、传承转变为活用、产业化、全球化。着眼于当下，寄托于未来，从纵向"传承"到横向"传播"，中国传统文化还有很长的路要走。

移动政务的崛起、机遇与挑战
——基于广州市的社会调查

团队：中山大学

团队成员：赵金旭、王江浩、贾晶晶

负责人：赵金旭

时间：2017年

移动互联网迅猛发展，移动政务在全球范围崛起，广州市积极落实党中央、国务院会议精神，制定《关于促进电子政务协调发展的实施意见》《广州市电子政务第十三个五年发展规划（2016—2020年）》等政策文件，推动移动政务建设。本文以广州市的市民网页、12345政府热线、智慧交通、智慧食药监、智慧社区等案例介绍了广州市移动政府的发展情况。然而，广州移动政务在取得成绩的同时，也面临亟待解决的问题。

一、移动政务基本特征

（一）以公众需求为中心

移动终端将公共服务随时随地传递到公众身边，使公共服务的最后一段距离变为零,真正实现"让数据多跑路,让群众少跑腿"。随时随地将公共服务传送到公众身边,公众便可以利用碎片化时间办理公共事项,这与传统公共服务必须在政府上班时间内办理,或传统电子政务的固定网络终端不同,公众可以随时随地办理公共事项。移动政务促使公共服务从"以政府提供为中心",向"以公众需求为中心"转变。

(二)"精准识别"与"智能回应"

移动政务借助大数据精确识别公众需求和回应公众需求。移动终端与公众随时随地互动,产生的数据可以精确记录下整个公共服务过程。对这些数据进行统计分析,政府便可以深度挖掘公众需求,提前预测公众需求,进而根据不同公众群体的需求差异提供个性化、情境化的公共服务。这使公共服务走向精准化和智能化。

(三)"实时互动"与"治理创新"

移动政务与传统政务的最大不同是实现政府与公众间的实时双向互动交流,这种新型互动方式,在商业领域带来共享经济等新的商业模式,在公共管理领域则带来新的社会治理模式。随身携带的移动终端,既实现政府与公众的实时互动,也实现"线上"与"线下"对接,"虚拟"与"实体"对接,"网上办事大厅"与"政务服务中心的"对接。移动政务带来社交、媒体、市场、办公、生活与公共服务高度融合的新型社会治理模式。

二、广州移动政务发展现状

广州移动政务发展迅速,成绩显著。2014年,根据《广州市"十二五"信息化发展规划(2011—2015年)》《关于加快建设广州信息政府工作方案》的要求,广州开始创建创新型城市和智慧城市,广州移动政务开始起步。2016年，广州市按照"五个一"[①]的要求，推进传统电子政务向一体化、集约化、人性化方向转型，移动政务得到迅速发展。下面以广州市的市民网页、12345政府热线、智慧交通、智慧食药监、智慧社区等案例来展示广州移动政务的发展情况。

案例一：广州市民网页——移动政务以公众为中心

传统政府网站名目繁多、链接繁杂，公众往往难以在政府网站上找到自己需要的公共服务页面。为此，广州市学习新加坡等国际先进经验，提出智慧广州"五个一"（一卡、一页、一库、一台、一城）的新理念，通过整合各种政府网站数据，以及各种市民卡数据，推出广州市民网页工程。通过类似于人人网的个人注册账户，实现对传统政府网站、社区综合服务平台、"e证卡"、市民邮箱、数字证书、社保卡、诊疗卡、老年优待卡、羊城通、银行卡等多种传统电子政务功能的整合。

广州市民网页，通过整合分散于政府各部门的个人信息，实现公共服务"一页供应"，大大方便了公众对公共服务的获取。广州市民网页是集政务信息公开、公共服务资讯订阅、网上办事、政府互动及云服务等功能于一体的实名制、个性化网上综合服务门户。其内容包括：政府和社会重要信息公开服务；公积金、社保、水电燃气费、移动电信费、交通违法记录等8大类20余小类的资费账单订阅查询服务；结婚预约、经济适用房申请等268项全流程网上办事事项、460余项事项查询、近200项办事结果主动推送服务；反馈"百姓热线"等政府网站互动服务的答复结果；网络硬盘、市民邮箱、证件、通讯录、照片集锦等基于云平台的个人信息集约化管理服务；统一身份认

---

① "五个一"是指"一卡通行""一窗服务""一网办事""一格管理""一号接通"。

证为基础的人事人才、劳动保障、实名信访、图书文化、社会志愿服务、无偿献血、水电煤气等一站式通行服务。

广州市民网页，标志着广州公共服务提供从以政府为中心向以公众为中心转变，从大众化生产向个性化推送转变，从分散管理向集中管理转变，体现出广州电子政务发展到智慧城市和服务型政府新阶段。

案例二：广州12345热线——移动政务重塑政府流程

广州12345政府服务热线，整合传统的碎片化公众投诉渠道，便于公众"一号拨通"，并且逐步形成信息共享、业务协同、来电投诉、协调督办、数据分析、线下电子政务服务中心、社区网格化治理等融为一体的新型移动政务社会治理新模式。

第一，整合碎片化资源，方便公众投诉。12345热线整合之前，广州市政府热线共有话务座席近1000个，话务人员1000多人，话务资源分散，"号码多，难记住，打不通"等问题突出。广州整合全市39个市直部门、11个区共62条服务专线，实行"7×12小时统一接听"模式，形成广州市非紧急热线以"12345"一个号码对外的工作格局。

第二，重塑办事流程，保证政府回应。建立全市"一号受理、按责转办、限时办结、统一督办、统一考核"的有效工作机制，依托各区政府、市各职能部门、相关公共服务企事业等承办单位，做到"事事有回音、件件有结果"。实现与紧急呼叫中心、政务服务中心、网上办事大厅、网格化服务管理、政府门户网站等信息平台的互联互通，为群众提供全方位、多渠道、一体化的政府服务。

第三，改变电话单一形式，实现多渠道投诉。改变"政府热线只能靠打电话"单一模式，开通网上办事大厅、广州12345微信公众号、12345微信在线客服、广州政务微信等多渠道服务平台,将服务推送到群众身边。市民在碎片化的时间中,动动手指,即可了解政务资讯、最新政策法规,对事项进行投诉举报、对政府工作提出建议,实现了资讯、投诉、建议等热线功能"触手可及"。

第四,标准化管理,提高工作效率。广州12345政府热线进行标准化、流程化管理。一、实行工单不过夜制度,确保回复市民投诉的效率。二、通过建立话务日常保障、话务高峰应急处置预案等机制,保持较高的接通率。三、建立市民满意度回访制度,用客户评价机制倒逼服务质量提升。

2015年,广州12345政府热线荣获国内呼叫行业"中国最佳客户联络中心奖""年度中国最佳客户体验中心奖"和"年度卓越语音服务客户中心奖"三项大奖,热线服务工作得到业界高度关注和社会充分肯定。广州12345热线是传统电话投诉、电子政务、网上办事大厅、政务服务中心,与移动APP、微信、微博相融合的政民互动新形式。

案例三:广州智慧交通——移动政务重塑交通秩序

广州市交通委员会从交通数据来源、数据分析处理、交通信息发布三个方面建立智慧交通拥堵分流系统。

第一,市民交通出行更加方便。通过移动政务网站、智能手机客户端(广州出行易APP、广州"行讯通"、广州"警民通"等)、"广州交警"微信公众号等,为出行者提供较为完善的出行信息服务。市民只需通过智能手机就可搜索广州中心城区实时路况、停车场服务、实时公交、地铁、驾驶培训等信息,极大方便了市民出行,助推智能公交发展。

第二,提高政府部门的业务水平。综合运用GIS技术、视频检测技术、WEB技术等先进的IT技术解决交通问题,有效提高广州市智能交通管理的现代化水平。有利于交通管理部门及时、准确了解整个路网交通状况,也使交通参与者及时掌握实时交通情况,提高广州市道路交通的运行效率。

第三,推动公共服务渠道和形式多元化。通过智能终端(手机、网站、微信等),以图、文、视频等多种媒体形式为公众提供多元化的交通信息服务、交管资讯等,提高公众对交通出行的满意度。市民获取实时交通路况信息后,合理选择出行路线,避开事故和拥堵路段,从而均衡路网交通流量、缓解道路交通拥堵。

案例四:广州智慧食药监——移动政务重塑市场监管

广州推进"智慧食药监"建设,创新"互联网+智慧监管",构建出"1+2+10"(一个大数据应用中心、智慧监管和公共服务两大平台、十大应用体系)的大数据监管框架体系。初步实现食药品事前、事中、事后监管的全流程信息化、日常办公自动化、工作流程规范化、远程监控职能化和移动执法智慧化。

第一,整合各部门数据,建立统一数据中心。广州市食药监局整合国家总局、广东省局、广州市局、广州市各区局,以及广州市的工商局、质检局、农业局、检验检疫局等部门的数据,建立了一个综合的企业监管数据库,对广州市内所有食药品企业建立"一企一档"全方位查询。

第二,提高监管风险防控能力。实现市、区、街道(镇)各监管部门监管的实时信息共享和协调配合,实现"全时段、全方位、无缝隙、动态化"监管,真正在第一时间内发现问题,解决问题。通过大数据分析,计算出每个区域食品安全发生的风险概率,根据风险大小,配置监管资源,提高监管效率。

第三，精简审批流程，提高业务效率。实现行政审批全流程电子化，对所有行政审批业务实现电子化系统覆盖。通过行政审批的部门对接，实现审批流程的大量精简。"让数据多跑路，让群众少跑腿"，积极推动"一站化"公共服务。

第四，一线执法智能化和精细化。实现基层一线执法的电子化、留痕化和可追溯化，进而促使传统的执法行为从"人工化"向"智能化"转变，从"粗放型监管"向"精细化监管"转变。移动执法终端的配置，使一线执法人员的执法行为得到极大规范。通过对执法行为的标准化评分和痕迹化处理，一线执法人员的自由裁量权得到大量挤压，执法标准化水平不断提高，从根本上杜绝执法腐败、执法犯法等不良行为的发生。

案例五：荔湾智慧社区——移动政务重塑基层治理

广州荔湾区利用移动政务促进基层社会治理创新。积极推动公共服务重心下移，将面向个人的服务事项，下沉到县（市、区）、乡镇（街道）、村居，实现群众就近办理，同城办理。"以公众需求为中心"，构建集PC端、手机端及自助设备等渠道为一体的电子政务体系和基层社会治理体系。

第一，一窗受理。在全国率先推出"一窗式"政务服务改革，制定《广州市推进行政审批"条块结合、四级联动、以区为主、重心下移、集成服务"改革实施方案》，建成"一窗式"综合受理审批系统，完成综合受理、排队叫号及审批系统"集成服务"改革。

第二，一格管理。以"一窗式"改革为切入点，配合推进"一卡""一网"工作，推动"一格"与"一号"深入联动，建设以大数据为基础的，集数字城管、政府热线、信访诉求、监管联动、社区服务功能为一体的网格化综合平台，构建集审批、监管、处罚联动于一体的新型社会治理体系，全面推动社会治理精细化。

第三，为公共服务打通最后一公里。在全国首先实施"前台统一收件、后台分类审批、前台统一出件"的"一窗式"政务服务模式，提高了窗口统筹利用效率，避免忙闲不均。统一身份、统一服务标准，便于直接对其服务态度、服务效率进行考核管理。

第四，打造政务服务O2O模式。网上办事大厅与现场办事"线上线下"互动，做到网上和现场办事"三统一"（统一材料、统一标准、统一时限）。当办事群众对涉及非常驻部门业务需要咨询时，无须等到非常驻部门人员值班时间来咨询，只要是工作日来到政务服务中心办事大厅，就可以通过设在大厅的视频系统直接连通所要咨询部门，实现面对面的文件资料传输、问题咨询与解答。

三、广州移动政务建设的问题与对策

广州移动政务建设虽取得显著成绩，然而，在移动政务建设刚刚起步阶段，广州移动政务还远未发挥其在公共服务、社会管理和市场监管中的应有潜力。同时，广州市移动政务建设过程中，也存在一些亟待解决的问题，与党和国家信息化发展的国家战略不相符，与人民群众日益增长的美好生活愿望不相符。因此，需要从以下方面采取措施，促进移动政务健康发展。

（一）"碎片化"体制与加强党的领导

党的十九大，十九届一中、二中、三中全会都强调要全面落实党的领导，2018年全国两会再次强调中国特色社会主义的本质特征就是党的领导。东西南北中，工农商学兵，各项事业中都要突出党"统揽全局"的作用，电子政务建设同样离不开党的组织领导。广州移动政务管理体制存在"九龙治水"弊端，十多个部门分头管理，权威不

足、协调不利、统筹困难、推诿扯皮、重复建设。因此,需要各级政府在党的统一领导下,牵头做好移动政务建设工作,确定一位政府领导分管,建立健全协调机制,明确责任分工,切实抓好工作落实。

(二)打破"信息孤岛"促进"数据共享"

电子政务不断发展,尤其到了移动政务阶段,大量政务创新功能都是通过各部门数据共享实现的。然而,因为横向部门间的竞争关系与利益争夺,先建部门与后建部门间的标准不统一等原因,广州市政府条块部门间存在"信息孤岛"问题,政府职能壁垒阻碍了信息资源共享和政府整体性功能的发挥。为此,需要广州市委、市政府高度重视,自上而下,强力推动信息资源共享,按照"统一规划、统一网络、统一软件、统一检查、统一运维、统一标准"的原则,实现部门间"数据共享"。

(三)破除"技术崇拜"推进"制度配套"

广州移动政务发展理念上存在技术决定论的简单化倾向,好像建立起功能强大的电子政务技术工程,就一定会带来公共服务效率的提高和公众满意度的提高。殊不知,电子政务建设是技术采纳与制度建设同步的过程,是与政府机构、与编制改革同步的过程,是与政府职能重塑与法制建设同步的过程,是与市场交易和监管方式改革同步的过程。因此,仅在技术层面建设移动政务,忽略配套制度建设,忽略人的作用和公众需求,就容易导致电子政务工程失败。2017年,中山大学政务学院,对全国70个大城市调查发现,政务APP的公众使用率不足商业APP的十分之一,耗资巨大的电子工程成为无人使用的"僵尸APP"。所以,广州移动政务发展需要实现技术与业务融合,完善日常管理制度,方便公众使用,真正提高人民群众的幸福感和获得感。

（四）推动数据开放，加强隐私保护

数据开放与隐私保护往往是一个问题的两个方面。只有更好地加强公民个人隐私保护，才能真正地推进政府数据开放。在当今社会，数据资源越来越成为经济社会发展的核心资源，政府开放庞大的数据资源对经济社会发展有巨大推动作用。2015年之后，全球范围内逐渐掀起数据开放热潮。然而，全球范围内，网络安全威胁和风险也日益突出，并向政治、经济、社会、文化、生态、国防等各个领域渗透，个人隐私保护成为日益严峻的问题。广州市政府需要认清数据开放与隐私保护的世界大潮，趋利避害，从法治基础层面强化制度建设，推动数据开放，加强隐私保护。

后记

希望在，焉遗余力

何子维

2005年，《南风窗》始创"调研中国"行动，成百上千的在校大学生加入了这项计划。这些意气风发的青年人前往中国各个角落，雄心勃勃地开展社会调研，潜心观察、忠实记录中国社会的发展进程。

那是中国加入全球化的初期，各种思想再次复苏、奔涌，包括企业、协会、家庭，以及政府，精英阶层和普罗大众都在努力挣脱旧有的束缚，意识到人性的复苏、价值的追求和世俗的突破，充满了惊奇和兴奋。

那也是新社会业态进入萌芽期，互联网技术拆解了工业社会200多年来的典型组织形态，而今随着人工智能兴起，实体商店减少，网络个体户服务于资本时代的到来，"抖音""网红""手游""知识付费""佛系青年""精致的利己主义者"等新词汇，帮助我们描述社会新生态的涌现，也真真切切地助长了大量的虚拟交往，代替了面对面的接触，让这个时代在"个性化""虚拟化"的道路上狂奔。

巨变之下的这一代青年人，一方面目睹了改革开放以来，中国告别了贫穷，走向了富裕，成为世界第二大经济体的伟大进程和成果。

另一方面，巨变之下的这一代青年人需要回答很多具有普遍性的问题——富强的内在意义是什么？个人兴趣、价值与社会需求之间如何协调？以"命运共同体"的新视角，寻求人类共同利益和共同价值的关键内涵在哪里？尤其是在技术和全球化驱动下，一个现代世界到来之时。

这些问题需要我们青年人给出解答。然而，一个不容忽视的问题是，在对待公共话题上，现在的青年人表现得或淡漠无视，或固执己见。他们认为这些并不是他们最需要关注的。

但意外的惊喜也不时涌来。一位参与"调研中国"行动的青年说："或许每个世代内心都怀抱着要改造世界的理想，我知道在这个世代是无法做到的，而这世代的任务或许更大，就是在于阻止这个世界的崩解。"这句源自阿尔贝·加缪在1957年诺贝尔文学奖获奖演说的话，历经半个世纪，浩浩汤汤，从青年一代口中讲述出来，让我们笃定，让我们相信——行动者，有未来。

青年，有初生之犊的闯劲，无所顾忌地想打开一些疑惑好奇的领域。在"调研中国"行动中，他们利用大学那几年短暂而宝贵的时光，对视而不见、熟视无睹的"常态"，对被隐藏被无视的真相，一边调查，一边记录，一边探讨。对那些充满话题性的公共话题，他们提出的概念可能略显质朴，他们议论的文字可能琢磨得不够，但发表一种见解，本身就是一种社会行动，一份勇气，一股力量。因为作为行动者本身，有勇气、有力量是最重要的。

这也是作为深度观察中国政经大势的《南风窗》发起"调研中国"行动特别简单的出发点。这个行动让我们看到一代青年展开的诸多可能性，即便在挑战多多、困难重重的情况下，这种勇敢行动的精神是存在的。它让我们意识到，只要有这种精神存在，就能真心真意地去理解外部的世界，理解社会的丰富性和广泛性，理解自我内在的诸多可能性。

到2019年，"调研中国"行动已走过十五载，持续影响了100多万名青年个体，值此际遇，将"调研中国"行动的文字印刷出版，是难得的机缘。

我们期待这些文字能复活被"佛系时代"轻描淡写的细节与情绪，展现在急速向前的21世纪，个性之必然与命运之偶然，人格尊严与社会断裂之间的彼此交织，展现一代又一代青年的焦灼与渴望、怯懦与勇气。

我们期待那些在"调研中国"行动中滋生的相濡以沫的亲密关系，那些对于科学、个人精神做出的独特判断，在资本和效率的考验面前彼此疏离之后，也能在我们的人生下一个路口再度交汇。

我们期待这本小集子犹如精卫填海、愚公移山，不仅是为作为个体的青年自身寻找的一个答案，也是为这个时代寻找一份完美的答卷。

（作者系《南风窗》杂志高级记者）